DE LA BONNE FOI DANS LES CONTRAVENTIONS

In maleficiis voluntas spectatur non exitus.

PAR

Raoul LAJOYE

AVOCAT A LA COUR D'APPEL

PARIS

A. DURAND ET PEDONE-LAURIEL, ÉDITEURS

LIBRAIRES DE LA COUR D'APPEL ET DE L'ORDRE DES AVOCATS

G. PEDONE-LAURIEL, SUCCESSEUR

13, rue Soufflot, 13.

1886

DE LA BONNE FOI

DANS LES CONTRAVENTIONS

DU MÊME AUTEUR :

Études sur le Code pénal. — *1re Partie :* 1o De la moralisation des condamnés; — 2o De la préméditation dans le parricide et dans l'infanticide; — 3o Le sursis et le pardon en Angleterre; — 4o De la récidive. — *2e Partie :* 1o Du jury correctionnel; — 2o De la vente du gibier en temps prohibé; — 3o Les conseils de guerre; — 4o Le duel; — 5o De la recherche de la paternité. — *3e Partie :* L'Ordonnance criminelle de 1670. . . . . 1 vol.

L'Éducation correctionnelle en Angleterre, aux États-Unis et en France. 1 vol.

La Loi du pardon. — Étude historique suivie de plusieurs articles parus dans les journaux judiciaires de 1879-80 et 81. . . . . 1 vol.

La femme en prison; *le transfèrement des réclusionnaires en Algérie;* articles divers parus dans les journaux et publications de 1881-82-83. . . . . 1 vol.

La chronique de Melun et de son district en 1792 et 1793. . . . . 1 vol.

Quelques questions de Chasse (1re série). . . . . . . 1 vol.

Id. Id. (2e série) . . . . 1 vol.

Fontainebleau. — M. E. Bourges imp. breveté.

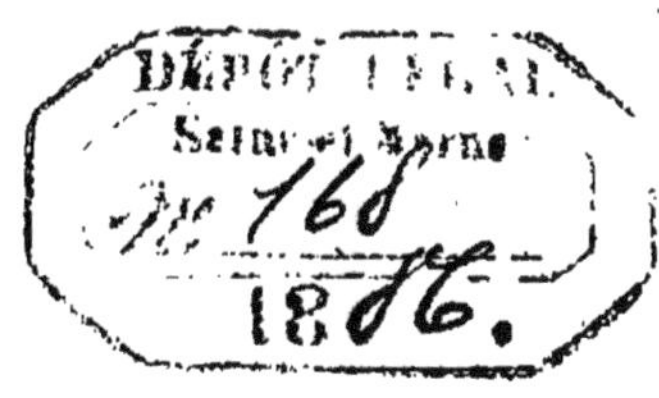

DE LA

BONNE FOI

DANS LES

CONTRAVENTIONS

*In maleficiis voluntas spectatur,
non exitus.*

PAR

Raoul LAJOYE

AVOCAT A LA COUR D'APPEL

PARIS

A. DURAND ET PEDONE-LAURIEL, EDITEURS

LIBRAIRES DE LA COUR D'APPEL ET DE L'ORDRE DES AVOCATS

G. PEDONE-LAURIEL, SUCCESSEUR

13, rue Soufflot, 13.

—

1885

PRÉFACE

Dans ce siècle de progrès le temps manque pour lire les ouvrages de longue haleine : aussi nos efforts ont-ils tendu à présenter en quelques pages une thèse qui demanderait des volumes pour être exposée complètement.

Nous avons également essayé de rendre cette lecture supportable pour tout le monde, magistrats et hommes politiques, dans l'espérance de trouver des défenseurs aussi bien à la tribune des Chambres qu'à la barre des tribunaux, non pas que des modifications dans le Code pénal soient nécessaires pour mettre en pratique la théorie : *De la bonne foi dans les contraventions,* mais il est désirable que la Cour suprême modifie sa jurisprudence, et elle s'inclinera plus volontiers si c'est l'opinion publique qui lui demande justice.

Ce serait, de notre part, de l'ingratitude de ne pas reconnaître ici combien les enseignements puisés dans le Traité de M. Le Sellyer nous ont été utiles pour nous soutenir dans cette campagne entreprise, il faut bien l'avouer, contre toutes les traditions admises actuellement par la doctrine et la jurisprudence.

Paris, 19 Avril 1886.

DE LA BONNE FOI
DANS LES CONTRAVENTIONS

In maleficiis voluntas spectatur, non exitus.

I.

Création du Délit-contravention.

La doctrine et la jurisprudence sont d'accord aujourd'hui pour ne pas admettre la *bonne foi* comme excuse en matière de contravention.

Ouvrez les traités de Boitard, d'Ortolan, de Faustin-Hélie et de tant d'autres éminents professeurs, c'est une alliance générale.

Retournez-vous du côté de Dalloz, de Sirey, de la Cour de cassation, l'entente est complète.

« Le titre de votre étude ne se comprend pas, nous disait un magistrat, puisque la question n'est pas discutable... Tout le monde sait que la bonne foi n'est pas admise dans les contraventions ! »

Je me permets de ne pas m'incliner devant cette remontrance, et ma conviction est d'autant plus affermie que des auteurs ont soutenu la thèse avant moi, ne serait-ce que Le Sellyer dans son *Traité de criminalité.*

— Mais quel intérêt, dira-t-on, avez-vous à soulever de semblables questions quand il s'agit de faits si minimes? Pour une condamnation à un franc d'amende, faut-il remuer tout l'attirail de la justice et refondre tous nos codes?

Il est certain que si la question roulait sur l'amende que peut s'attirer un domestique maladroit en secouant un tapis par la fenêtre, peut-être serait-il possible de s'incliner devant la routine.

Mais telles ne sont pas les seules conséquences de ce manque de respect aux principes essentiels du droit pénal.

Car il ne faut pas s'y tromper : rejeter la bonne foi dans l'examen d'une infraction à la loi, quelque minime que soit cette infraction, c'est renverser les premières règles de notre code pénal.

Là où il n'y a pas de faute, il n'y a pas d'infraction pouvant entraîner une peine, et il n'y a pas de faute lorsqu'il n'y a pas d'intention coupable.

Or le juge, qui condamne un contrevenant à un franc d'amende, sans lui permettre d'exciper de sa bonne foi, détruit tout l'échafaudage d'un code pénal humainement conçu.....

— Mais si au lieu d'un franc d'amende, c'était une somme considérable, bien plus, un emprisonnement de longue durée?

— Cela n'arrivera pas, répondrez-vous, puisque les contraventions sont punies de peines de simple police qui ne peuvent dépasser quelques jours de prison au maximum.

— Cela arrivera, cela arrive aujourd'hui, riposterons-nous à notre tour; car le mal indiqué du temps où vivait Le Sellyer, comme un danger lointain, nous a envahis de tous côtés, et nos tribunaux frappent actuellement sans pitié de peines considérables des gens qui n'en peuvent mais.

C'est la boule de neige qui devient avalanche.

Une fois la loi tournée, le champ des contraventions devenait trop restreint; et nos jurisconsultes modernes ont alors créé le *délit-contravention*, qui permet non plus aux seuls juges de paix, mais aux juges correctionnels d'infliger des amendes et de la prison sans avoir à se préoccuper de la bonne foi des délinquants, car le délit-contravention, par sa nature mixte, est punissable comme contravention, sans que la bonne foi soit admise, et la complicité qui n'est pas du domaine des contraventions, est au contraire passible de peine dans le délit-contravention, cette infraction tenant également du délit.

D'où le résultat suivant : un tribunal correctionnel, dans une question de responsabilité pénale, par exemple, peut prononcer une condamnation pécuniaire très forte sans avoir à écouter la défense, puisque la bonne foi n'est pas admise : nous citerons dans les chapitres suivants plusieurs jugements, notamment sur la responsabilité qui incombe aux chemins de fer en matière de transports : ces jugements prouveront jusqu'à l'évidence que la question vaut la peine d'être prise en considération et qu'il ne s'agit plus ici de condamnations à un franc d'amende.

II.

La doctrine n'admet pas la bonne foi dans les contraventions.

Comment la doctrine et la jurisprudence peuvent-elles toutes deux soutenir cette théorie si le code ne contient pas un texte FORMEL pour écarter la bonne foi en matière de contraventions? —

Ce qui est certain, c'est que cette entente est facile à prouver par quelques citations :

« Un principe général, dit Boitard dans ses *Leçons de droit criminel*, domine toutes les contraventions : c'est qu'elles existent par le seul fait matériel de la désobéissance aux prescriptions de la loi ou des règlements, abstraction faite de toute intention criminelle et de toute fraude. C'est là ce qui sépare cette classe d'infractions des faits que la loi a qualifiés crimes et délits. En matière de crime et de délit, l'intention coupable est un élément nécessaire de la criminalité, c'est-à-dire du crime ou du délit; il n'y a point de crime, il n'y a point de délit, là où aucune volonté malveillante, là où du moins aucune faute n'est constatée. En matière de contravention matérielle, ni l'oubli, ni l'erreur, ni l'ignorance même ne sont une excuse. Il importe peu que la contravention provienne de telle ou telle cause; elle est toute matérielle. De là il suit que le contrevenant ne peut alléguer aucune excuse, même la bonne foi... »

On n'est pas plus clair.

Passons à Faustin-Hélie; dans sa *Pratique criminelle*, il s'exprime ainsi :

« ... Il est utile, avant d'examiner les contraventions, de rappeler quelques règles auxquelles elles sont soumises. La première est qu'elles existent par le seul fait matériel de la désobéissance aux prescriptions règlementaires ou de la négligeance à les suivre, indépendamment de toute intention criminelle, de toute volonté malveillante. Différentes en cela du délit qui n'existe que par l'élément intentionnel, elles sont toutes matérielles, abstraction complètement faite de l'intention qui a pu les animer... Une deuxième règle est que, si les contraventions ne sont couvertes par aucune excuse, elles le sont cependant par la *force majeure*. En effet, s'il n'est pas nécessaire qu'elles aient été commises avec intention, il faut au moins qu'elles l'aient été volontairement, car la volonté qui diffère essentiellement de l'intention est toujours présumée dans les contraventions... Une troisième règle est que les contraventions, sauf quelques exceptions, n'admettent pas de complices. Les articles 59 et 60 ne s'appliquent qu'aux crimes et aux délits. La complicité suppose une intention qui n'est pas présumée dans les infractions purement matérielles... »

Ces distinctions entre la volonté et l'intention paraissent moins claires, mais la théorie reste la même.

Voici maintenant l'*Encyclopédie du notariat* (sous la direction de Ch. Lansel), qui appuie son opinion sur les arrêts de la cour de cassation :

« ... Les contraventions aux lois pénales sont en général punissables, lorsque le fait qui les constitue est constaté, lors même qu'elles ont été commises sans aucune intention criminelle. (Cass., 12 mai 1871 ; 2 janvier 1879.) Les délits et les crimes, au contraire, ne sont punissables que lorsqu'au fait matériel se joint une intention criminelle... »

Enfin Dalloz, dans son *Répertoire de législation*, donne la définition suivante :

« Le mot *contravention* a différents sens dans la langue juridique. *Latissimo sensu*, on peut l'entendre de tout manquement *(venire contrà)* à une obligation, qu'elle dérive d'une loi, d'un règlement ou d'un contrat. Dans ce sens, la matière des *contraventions* serait commune au droit criminel et au droit civil. — Sous un autre rapport, propre au droit criminel, mais encore fort étendu, le mot *contravention* s'applique à celles des infractions aux lois pénales qui, à la différence des crimes et des délits, dans lesquels il y a toujours à rechercher la moralité de l'acte et l'intention de l'agent, consistent matériellement dans un fait ou dans une omission. — A considérer ainsi les contraventions dans leur nature, indépendamment de la juridiction et de la peine, on en trouve dans toutes les parties du droit pénal, non pas seulement dans les matières spéciales, comme les contraventions aux lois fiscales, aux lois sur la police de la presse, etc., mais aussi dans le code de 1810, qui est le droit commun en matière pénale : plusieurs faits y sont qualifiés *délits* et punis comme tels, qui, en réalité, ne constituent que des contraventions. Il en est ainsi, par exemple, de plusieurs des infractions comprises sous la rubrique destructions, dégradations et dommages (art. 434 et suiv.) ; on pourrait en citer beaucoup d'autres... »

Il est inutile de prolonger ces citations pour constater l'accord qui règne entre la doctrine et la jurisprudence, accord singulier, puisqu'il a pu naître sans la protection d'aucun texte.

Bien plus, lorsque nous soutiendrons la thèse contraire, nous montrerons des articles de loi qui condamnent cette théorie.

Mais, auparavant, il faut pousser les recherches jusqu'au bout et voir notamment si les travaux préparatoires du code permettent de ne pas admettre la bonne foi dans les contraventions.

III.

Travaux préparatoires du Code de 1810.

Pour ne pas faire un cours d'histoire, nous nous bornerons à parcourir les rapports qui furent déposés au Conseil d'État et au Corps législatif en 1810.

Le code pénal de cette époque devait compléter le décret de 1791 et en réparer les omissions ; du moins c'était l'espoir de ses auteurs.

Si la question de *bonne foi* fut soulevée dans les discussions, on doit en trouver des traces dans les rapports : or l'examen le plus attentif ne permet pas de citer un passage faisant allusion à la bonne foi.

Que dit M. le conseiller d'État Réal dans son exposé des motifs sur le livre IV du code pénal?

« ... Au code qui poursuit et supplicie la méchanceté qui commet les crimes, il a donc fallu joindre celui qui châtie l'*imprudence*, cause de tant d'accidents et de malheurs. Et pendant que les dispositions précédentes assurent le repos de la cité, par le supplice du criminel consommé qui lui fait la guerre, les dispositions du code de simple police arrivent au même but en faisant la guerre *aux petites passions*, à ces contraventions légères dont l'habitude ne conduit que trop souvent aux plus grands crimes. Plusieurs des dispositions contenues dans ce code ne seraient point déplacées dans un cours de morale ; et c'est ainsi que le code sévère des délits et des peines, ce code vengeur des crimes, arrive par degrés aux codes du bon voisinage et de l'urbanité...

« ... Dans ce projet dont je vais, en très peu de lignes, vous tracer l'économie, vous verrez que, par le moyen d'une simple classification, combinée avec une plus grande latitude donnée au juge, nous avons évité ce que l'arbitraire du juge, ce que l'arbitraire de la loi pouvaient avoir de dangereux pour obtenir de l'équité du juge et de la sévérité de la loi une PUNITION bien juste, bien proportionnée à la contravention... »

Pas un mot de la question de bonne foi, mais intention nettement indiquée de punir les petites passions, sans arbitraire. Il y a loin de là à la simple matérialité des faits.

M. Nougarède, membre de la commission de législation, parle-t-il davantage de la bonne foi, dans son rapport au Corps législatif, le 20 février 1810?

« ... La loi qui réprime les infractions de police semble plus particulièrement dirigée contre les classes inférieures des citoyens, et l'on peut dire néanmoins qu'elle est leur plus sûre garantie; car, à défaut d'une loi précise, ils étaient exposés à des mesures arbitraires que la nécessité de se préserver des effets de leur licence avait introduites, et de là l'opinion qui s'était accréditée que, dans les matières de police, c'est moins la loi qui punit que le magistrat; de là encore le droit accordé à des juges inférieurs *de déterminer à leur gré la nature de la contravention* et la mesure de la peine, et cette multitude d'abus obscurs qu'il était si facile de soustraire à la vigilance de l'autorité supérieure...

» Les peines de simple police sont légères, à cause de la nature des contraventions qu'elles sont destinées à réprimer. Il est utile, d'ailleurs, qu'elles puissent être fréquemment appliquées... »

Ainsi, ce projet qui fut décrété à la majorité de deux cent trente-neuf voix contre quinze et promulgué le 2 mars 1810 ne dit rien de la question de bonne foi pour les contraventions, et cependant il sert de guide à nos magistrats pour punir ces sortes d'infractions et ne pas tenir compte de l'excuse de bonne foi.

Il y a mieux. La loi de 1832 ayant introduit les circonstances atténuantes dans le code pénal et ayant déclaré qu'elles étaient applicables en cas de contravention (art. 483), le contrevenant qui, suivant la jurisprudence actuelle, n'a pas le droit de plaider *non coupable*, peut cependant demander l'indulgence : ce qui se comprend encore en cas de culpabilité, mais, si réellement le prévenu est de bonne foi, la situation se complique, et il serait curieux de voir un innocent demander l'atténuation pour une faute qu'il déclarerait n'avoir pas commise.

Aussi les juges de paix tranchent-ils la question en accordant le plus souvent des circonstances atténuantes, sans même entendre les parties.

Nous rentrons dans l'arbitraire des siècles passés.

IV

Opinion de MM. Le Sellyer, Jacqmin, Guyot, Barris, Pastoret, Servan.

La théorie de la non admission de la bonne foi est suffisamment développée maintenant pour permettre d'essayer de la combattre.

La tâche est rude, car il faut lutter contre la routine, ennemie difficile à vaincre dans le beau pays de France.

Les tentatives faites par M. Le Sellyer sont restées improductives et il est téméraire à notre tour de relever ce drapeau renversé.

Sans l'appui de cette grande autorité, j'aurais peut-être reculé, mais les arguments présentés dans son *Traité de criminalité* m'ont tellement affermi dans ma conviction qu'il faut aller de l'avant, en présence surtout de l'accroissement effrayant des condamnations qui viennent aujourd'hui imposer des responsabilités réellement imméritées.

Déjà mon confrère et ami Paul Jacqmin, en 1880, dans sa thèse de doctorat justement appréciée par les hommes compétents, avait indiqué la question au point de vue des transports par les chemins de fer : il sera pour moi un nouvel allié.

Une analyse rapide des pages que M. Le Sellyer a consacrées à l'examen des contravention sera peut-être la meilleure arme pour combattre nos adversaires.

Donnons-lui donc la parole en nous couvrant de sa protection.

« La criminalité, dit-il, c'est la qualité de certains actes les rendant passibles de l'application d'une loi pénale.

» Ces actes sont compris sous l'expression générale d'*infractions*.

» Les infractions sont elles-mêmes de trois espèces : les *contraventions*, les *délits* et les *crimes*... »

J'arrive de suite à la discussion sur l'intention et la bonne foi.

« ... On entend, en général, par *intention* ce à quoi la volonté tend, ce qu'elle a en vue, *id ad quod intendit*... L'*ignorance*, c'est le défaut de connaissance... La *bonne foi* est l'opinion que l'on avait de la légitimité de l'action commise. Elle diffère, selon nous, de l'*ignorance*, comme l'effet diffère de la cause, et de la *bonne intention*, en ce qu'elle est indépendante du but que l'on se propose... »

Et M. Le Sellyer cite à l'appui l'opinion de M. Guyot :

« ... Si la *bonne foi* n'était pas capable de servir d'excuse dans bien des cas, il n'est presque pas d'occasion où l'on ne pût vexer les citoyens. Il y a mille choses qui sont défendues et que l'on croit néanmoins permises, ou que l'on se permet journellement sans se douter que l'on blesse aucune loi à cet égard. Mais, *comme les peines ne sont que contre ceux qui sont vraiment coupables*, et qu'il n'y a point de crime où il n'y a pas d'intention d'en commettre, la bonne foi de l'accusé est une sauvegarde assurée pour lui contre les rigueurs de la loi : *In maleficiis voluntas spectatur, non exitus.* »

C'est encore M. Barris qui dit :

« Tout délit se compose de deux éléments : d'un fait qui en constitue la matérialité et de l'intention qui a conduit à ce fait et en détermine la moralité. Un fait involontaire ne peut pas être criminel : un fait qui n'a eu lieu que par une intention légitime, un fait même auquel on s'est porté sans intention de nuire, ne peut donner lieu à des peines : en un mot, il n'y a délit que là où il y a un fait criminel et une intention coupable. »

M. de Pastoret, ajoute Le Sellyer, avait développé les mêmes principes : « Répétons » cet axiome : point de délit sans l'intention » ou sans la volonté de le commettre; celui » qui contrevient à une loi qu'il ignore ne » peut être coupable... »

« Ce n'est pas assez, dit encore Servan, que l'action soit libre : il faut qu'elle soit perverse; il faut qu'elle ait été commise avec intention de nuire. »

« Nous n'hésitons pas, reprend Le Sellyer, à admettre tous ces principes, et il nous paraît certain que la bonne intention, l'ignorance et la bonne foi doivent éloigner de celui chez qui elles ont existé, l'application de toute loi pénale, au moins en matière de crimes et de délits : *Ea enim peccata nos condemnant*, a dit pour la conscience et pour la loi divine saint Jean-Chrysostôme, *quæ scientes et voluntarie facimus*. (In cap. 19, *Genèse*, homélie 44, n° 4.) Il n'en peut être autrement pour la loi humaine. Nous verrons spécialement ce qu'il faut décider en matière de contraventions... »

V.

Opinion de Le Sellyer (suite).

Nous voici arrivés au vif de la question.

Cette bonne foi, admise non seulement par les derniers auteurs cités, mais par tout le monde lorsqu'il s'agit de crimes et de délits, pouvons-nous l'étendre aux contraventions qui sont, comme nous l'avons vu, les infractions les plus minimes prévues par le code pénal, celles qui, par conséquent, seraient dignes de la plus grande indulgence?

Le criminel et le délinquant ont le droit de se défendre et d'invoquer leur bonne foi : le contrevenant fera-t-il exception à la règle, et, par suite, sera-t-il traité plus durement que ceux qui ont commis un crime ou un délit?

Enfin existe-t-il un texte de loi qui défende aux magistrats d'admettre la bonne foi dans les contraventions?

Ici l'opinion de Le Sellyer est si bien exprimée qu'il vaut mieux citer textuellement que d'analyser :

« 129. — La solution que nous avons adoptée pour les *crimes* et pour les *délits* est-elle applicable aux *contraventions*, et est-il vrai, pour cette espèce d'*infraction* comme pour les deux premières, que la *bonne intention*, l'*ignorance* et la *bonne foi* doivent mettre à l'abri de toute peine?

» L'affirmative nous paraît devoir être adoptée en thèse générale, et sauf seulement les cas pour lesquels le législateur aurait pu exprimer une volonté contraire, ainsi qu'il l'a fait en matière de douanes, par l'article 16, titre IV, de la loi du 9 floréal an VII.

» En effet, si à l'égard des délits et des crimes, la bonne intention, l'ignorance et la bonne foi empêchent toute culpabilité, et mettent obstacle à l'application de la peine, pourquoi en serait-il autrement en matière de contraventions? Le fait d'une simple contravention étant, au contraire, par lui-même, beaucoup moins grave et beaucoup moins nuisible à l'ordre public que ceux des délits et des crimes, c'est une raison plus forte pour exempter plus facilement, en ce qui les concerne, de l'application de la peine, et permettre d'invoquer les mêmes moyens de non-culpabilité.

» D'ailleurs, nous avons établi, sous les n°s 46, 48 et 87, que la force majeure empêchait qu'il n'y eut contravention, tout aussi bien qu'elle empêche qu'il n'y ait crime ou délit. Pourquoi en serait-il autrement de la bonne intention, de l'ignorance et de la bonne foi? On a dit (MM. Chauveau et Hélie) que dans le cas de bonne intention, d'ignorance ou de bonne foi alléguées en matière de contraventions, la loi supposait que le fait matériel avait été *volontairement* accompli et *imputait précisément comme la faute, l'ignorance, l'inattention et la négligence,* tandis que la force majeure excluant par elle-même la volonté, aucune infraction ne pouvait être commise lorsque cette circonstance a existé.

» Mais nous ne supposons pas l'inattention ou la négligence.

» Nous supposons seulement la bonne intention, l'ignorance ou la bonne foi.

» *Or, quelle disposition législative a établi comme règle générale que la bonne intention, l'ignorance involontaire ou la bonne foi dussent, en matière de contraventions, être considérées comme indifférentes pour la culpabilité?*

» CETTE DISPOSITION N'EXISTE PAS.

» Opposera-t-on avec plus de fondement que le maintien de l'ordre serait impossible si la bonne intention, l'ignorance ou la bonne foi étaient admises comme excuses en matière de contraventions?

» Le maintien de l'ordre ne saurait être incompatible avec le maintien de la justice ; or, la justice demande que la volonté coupable soit seule punie. »

VI.

Lois fiscales rejetant la bonne foi : ce sont des lois d'exception.

Cette allusion de Le Sellyer à la loi de l'an VII sur les douanes, confirme l'opinion que nous émettions précédemment, à savoir que, s'il n'y avait pas de loi générale pour repousser l'admission de la bonne foi dans les contraventions, il y avait des lois *exceptionnelles* qui spécifiaient les cas dans lesquels les magistrats ne devraient pas tenir compte de la bonne foi.

Or, l'exception confirme la règle, et il eut été inutile de défendre aux juges de s'occuper de la bonne foi dans certaines contraventions si la règle eut été générale.

Dans un rapport présenté à la cour d'Aix, le 21 novembre 1877, par M. le conseiller Dupray de la Mahérie, on peut même trouver l'explication de cette dérogation à la règle générale.

L'honorable rapporteur, examinant l'article 1er du code pénal, au sujet de la classification des infractions, dit notamment :

« ... Il est parmi ces lois une classe spéciale de dispositions dans lesquelles il est interdit au juge de se préoccuper de l'intention des contrevenants. Si nous examinons la nature de ces lois, nous constatons qu'elles appartiennent toutes au groupe des lois fiscales, et nous reconnaissons sans peine dans leur rigueur la rigueur des lois du fisc romain, transmises à travers les âges jusqu'au dix-huitième siècle et encore aggravées par l'âpreté de l'intérêt fiscal en lutte avec l'intérêt privé. Dans les contrats qui livraient aux fermiers généraux la perception des taxes publiques, on stipulait des peines traditionnelles et souvent atroces comme conditions de la ferme. Les fermiers, en méfiance contre les juges, n'auraient jamais accepté le pouvoir de rechercher les intentions, qui eut ouvert la porte à l'indulgence et dérangé tous les calculs; et alors ils stipulaient des peines mais en ayant soin de les rattacher à des actes qui porteraient le titre de contraventions, que les juges n'auraient qu'à constater, sans qu'il leur fut permis d'en pénétrer autrement la moralité. Nos lois de finances ont toutes recueilli cette doctrine, et elles punissent de peines correctionnelles des faits qu'elles n'ont voulu envisager que comme des infractions matérielles, et de telle nature que l'infraction entraînât nécessairement la peine... »

Cette incursion dans l'Histoire n'est-elle pas la véritable explication à donner pour faire comprendre l'exception admise par nos législateurs dans la loi sur les douanes et plusieurs autres lois fiscales, vieux débris des temps anciens qu'il faudrait effacer à leur tour?

N'est-ce pas en même temps la preuve éclatante que ces lois d'exceptions n'ont rien à faire avec les règles générales du code pénal qui donne le droit à tout accusé de se défendre?

Il y a encore un argument de M. Le Sellyer auquel nos adversaires ne pourront pas répondre : Quel est le texte de loi qui défend d'une manière générale d'admettre la bonne foi dans les contraventions?

Que répond, par exemple, M. Dupray de la Mahérie?

« ... L'article 1er ne classe les actions que punit le code pénal que par la peine qui les réprime, et cette définition grossière du fait par la peine encourue *est encore consacrée par notre loi*... Cependant, depuis 1810, il n'est pas un criminaliste qui n'ait protesté contre cette méthode de classification des actes coupables et qui n'ait essayé d'en atténuer les conséquences... »

Et, parlant de Rossi, de Blanche, de Faustin-Hélie et même de Le Sellyer, le conseiller rapporteur ajoute : « Ces savants auteurs ne se sont pas bornés à condamner une méthode, ils en ont proposé une autre toute spiritualiste, celle-là à laquelle la jurisprudence s'est rattachée toutes les fois qu'un texte précis ne l'en a pas violemment détournée. Ils ont dit que les mauvaises actions doivent être classées selon la perversité de leur auteur; que l'intention coupable, la volonté enfin, était de l'essence des crimes; que cette volonté était de la nature des délits et qu'elle n'était point à considérer dans les contraventions. Ils ont, en un mot, essayé de classer les faits délictueux selon leur nature. »

Tout d'abord si MM. Rossi, Blanche,

Faustin-Hélie ont dit que la volonté n'était pas à considérer dans les contraventions, nous avons vu que M. Le Sellyer est d'un avis absolument opposé sur ce point.

J'ajouterai que les classifications les meilleures présentées par les criminalistes les plus distingués, que ces auteurs soient ceux que nous citions à l'instant, ou d'autres comme Odilon Barrot et Jules Favre, également partisans d'une classification nouvelle (idée que je suis loin de désapprouver), la jurisprudence ne peut pas oublier le principe qui domine notre Code pénal et qui se trouve inscrit dans l'article 8 de la Déclaration des droits de l'homme, promulguée le 14 septembre 1791 : « La loi ne doit établir que des peines strictement et évidemment nécessaires, et *nul ne peut être puni qu'en vertu d'une loi établie.* »

Or, la loi qui n'admet pas la bonne foi dans les contraventions n'existe pas, et tant qu'elle n'existera pas, les juges donneront une fausse interprétation du Code pénal en condamnant les contrevenants sans entendre leur défense dans les mêmes conditions que les autres prévenus.

VII.

Dérogation à l'article 1er du Code pénal.

Nous disions que c'était la boule de neige devenue avalanche.

Jetez les yeux sur les répertoires de jurisprudence et vous reconnaîtrez que la création du *délit-contravention* ne tend à rien moins qu'à renverser tous les principes de notre droit pénal.

Que dit donc la classification du Code si critiquée aujourd'hui, non sans raison, il est vrai?

« Article 1er. — L'infraction que les lois punissent de peines de police est une *contravention*.

» L'infraction que les lois punissent de peines correctionnelles est un *délit*.

» L'infraction que les lois punissent d'une peine afflictive et infamante est un *crime*. »

Que la classification soit bonne ou mauvaise, elle est compréhensible, en tout cas.

Il suffit, par exemple, d'ouvrir le Code pénal aux articles 464, 465 et 466 pour savoir que les peines, pour les contraventions, sont l'amende de 1 à 15 francs, la prison de 1 à 5 jours, et la confiscation de certains objets saisis.

Si donc on est en présence d'un coupable ou prétendu tel, on recherche quelle peine lui est applicable et on le renvoie devant le juge compétent.

Mais depuis que la jurisprudence admet que la bonne foi ne doit plus être prise en considération dans les contraventions parce que la constatation seule du fait matériel suffit pour établir la culpabilité, des esprits inventifs se sont demandés pourquoi l'on s'arrêtait en si beau chemin.

« Les infractions étrangères au Code pénal, dit Dalloz *(Code pénal annoté*, p. 4), n'ont-elles le caractère de contraventions que dans cette condition rigoureuse de n'être réprimées que par une peine de simple police?... »

C'est la vieille classification : faisons mieux. « ... Lorsqu'il s'agit d'infractions à des lois spéciales, n'en est-il pas, au contraire, un grand nombre qui, bien que passibles de *peines correctionnelles*, devront, par dérogation aux définitions de l'article 1er du Code pénal, être qualifiées de contraventions et non de délits? »

Ce n'est pas plus difficile que cela, et on déroge à l'article 1er, c'est-à-dire que l'on viole la loi.

Une fois la dérogation admise, le raisonnement se continue naturellement comme il suit :

« Si on le décide ainsi, ce n'est donc plus d'après la *peine* appliquée, comme en matière d'infraction au Code pénal que les infractions dont il s'agit seront qualifiées et caractérisées : il faudra consulter la *nature intrinsèque*[1] de l'acte défendu ou ordonné, c'est-à-dire le but que le législateur s'est proposé en le défendant ou en l'ordonnant, et les principes de raison qui ont déterminé cette prohibition ou cette injonction. (Rapport de M. Dupray de la Mahérie.)

» Ce système a prévalu et a fait naître une catégorie d'infractions qui, contraventions par leur nature, et délits à cause de la peine, participent à la fois des contraventions et des délits et qu'on a appelées, à raison de leur caractère mixte, *délits-contraventions...* »

Cette catégorie d'infractions, énumérée dans Dalloz, renferme un nombre infini d'infractions, parfaitement classées du reste.

1. *Intrinsèque,* qui est propre, essentiel à quelque chose. LITTRÉ.

a). *Lois édictées dans l'intérêt de la sécurité publique* (armes, appareils à vapeur, transport des marchandises dangereuses, etc.)

b). *Lois édictées dans l'intérêt de l'ordre public* (affiches, police de la presse, des théâtres, des réunions publiques, des débits de boissons, etc., etc.).

c). *Lois édictées dans l'intérêt de la santé et de la salubrité publiques* (exercice de la médecine, de la pharmacie, police sanitaire, etc.).

d). *Lois édictées pour la protection de certaines personnes* (travail des enfants dans les manufactures, etc.).

e). *Lois édictées pour la conservation de certaines choses ou relatives à certaines exploitations d'intérêt général* (police de la chasse, de la pêche côtière, de la pêche fluviale, eaux minérales, mines, chemins de fer, roulage, etc.).

La chasse, un délit-contravention! c'est-à-dire un délit où la bonne foi n'est pas admise!

En 1844, la discussion a été interminable sur ce sujet et, comme toujours, la loi a paru sans trancher la question.

Il semble cependant que le délit de chasse est défendable.

Voici un exemple dont tout chasseur a pu faire l'expérience par lui-même :

Vous êtes invité dans un pays peu connu de vous : le propriétaire vous prévient d'avoir à respecter telle contrée et au contraire vous donne le champ libre dans le reste du territoire.

Pour ne pas commettre d'erreur, vous vous faites accompagner par un porte-carnier qui connaît le pays.

Avec cette double source de renseignements, vous êtes induit en erreur et le garde du voisin vous prend en action de chasse sur la terre de son maître.

Et... l'affaire est jugée, c'est-à-dire que vous êtes condamné à 16 francs d'amende, parce que le fait matériel, votre présence en action de chasse sur le terrain d'autrui, a été constatée!...

Mais laissons la chasse et continuons notre longue énumération.

f). *Lois édictées dans l'intérêt de la propriété industrielle ou de certains instruments de crédit* (marques de fabrique, etc.).

g). *Lois édictées dans l'intérêt du Trésor ou de l'État* (contributions indirectes, tabacs, douanes, octroi, poste aux lettres, télégraphes, etc.).

J'ai voulu aller jusqu'au bout de cette énumération pour établir que bientôt il n'y aura pas de raison pour que le délit-contravention n'absorbe pas toutes les infractions autrefois considérées comme des délits.

Comment voulez-vous qu'il en soit autrement quand le juge doit, dans chaque affaire, consulter la nature intrinsèque de l'acte défendu ou ordonné, c'est-à-dire le but que le législateur s'est proposé en le défendant ou en l'ordonnant.

Chacun a son système d'interprétation, ce qui nous conduit directement à l'arbitraire.

Grâce à ces nouvelles théories et à cette *dérogation*, on arrivera bientôt à l'*abrogation* de l'article 1er du code pénal.

On commence par frapper, sans l'entendre, un homme prévenu d'une simple négligence, et on arrive petit à petit à agir de même vis-à-vis de celui qui se rend coupable d'un acte puni plus sévèrement : c'est le résultat de la création du *délit-contravention* d'une élasticité si merveilleuse par sa nature mixte, qu'il lui est permis à la fois et de rejeter l'excuse de bonne foi et de frapper les contrevenants de peines correctionnelles.

N'est-ce pas réellement jongler avec la loi,

et je ne sache pas que le temple de la justice se prête d'ordinaire à de semblables combinaisons plus ou moins ingénieuses, mais fort peu juridiques.

Allons plus loin.

Voulez-vous admettre ces nouvelles classifications, si elles doivent faciliter l'exercice de la justice? Soit, mais à la condition de maintenir le principe qui veut la preuve de la culpabilité.

Rétablissez l'excuse de bonne foi dans le délit-contravention et nous nous déclarerons satisfaits.

VIII.

Opinion de P. Jacqmin.

Il faut encore compter avec la responsabilité *pénale* qui frappe, dans un grand nombre de contraventions, les propriétaires et maîtres; je dis *pénale* et non plus la simple responsabilité civile.

On n'a pas hésité à étendre les effets de cette responsabilité aux délits-contraventions et c'est ainsi que le chef d'exploitation le plus vigilant peut aujourd'hui se voir condamner à une peine, sans avoir le droit d'exciper de sa bonne foi, pas plus que son propre serviteur, auteur du délit-contravention.

« ... La raison, dit Paul Jacqmin, qui rend délictueux le transport des lettres est le monopole de l'Administration publique, à laquelle on ne peut faire concurrence. Pour le transport du gibier, en temps prohibé, la raison pour laquelle il est délictueux est que personne ne peut l'effectuer; on n'a plus à constater un transport réservé; on poursuit un transport prohibé.

» La jurisprudence suit la même doctrine pour le transport du gibier que pour celui des lettres : le voiturier est responsable alors même qu'il a ignoré complètement la présence du gibier dans les colis qui lui étaient confiés.

» Dans le cas que nous venons d'examiner tout à l'heure, la jurisprudence s'appuie sur le mot contravention, improprement employé par l'arrêté des consuls (celui du 27 prairial an IX). Ici, la loi du 3 mai 1844, établissant des peines correctionnelles pour le transport du gibier en temps prohibé, prend soin de qualifier exactement du nom de délit cette infraction à la loi pénale, article 11 :

« L'amende pourra être portée au double si » le *délit* a été commis sur les terres non » dépouillées de leurs fruits, etc... » Partout, dans toute la loi, l'auteur de l'infraction est qualifié de délinquant, et l'infraction elle-même de délit (art. 8, 10, 11, 12 et suiv. de la loi)... »

Et Jacqmin ajoute avec raison : « On soutient que, dans l'esprit de la loi, le colportage du gibier en temps prohibé est une contravention ; mais *on n'a jamais pu fournir aucune preuve d'une affirmation démentie* PAR LE TEXTE MÊME DE LA LOI. »

Une fois parti, on ne s'arrête plus.

« D'après un arrêt de la cour de Paris, du 18 avril 1857, ajoute mon confrère, c'est le chef de train qui doit être poursuivi.

» Il nous semble impossible de dire pourquoi, dans le transport des lettres, on ne s'attaque pas aussi bien à la personne du chef de train qu'à celle du chef de gare... »

Je me demande en effet quelle raison empêcherait de les poursuivre simultanément tous les deux comme coauteurs.

Ce qu'il y a de pis, c'est que depuis cet arrêt de 1857, la jurisprudence ne s'est pas améliorée : nous en trouverons la preuve dans les chapitres suivants.

IX.

Jugement d'Avranches.

Sans vouloir prolonger la discussion par de trop nombreuses citations, il faut cependant donner un coup d'œil sur la jurisprudence qui est née de la théorie repoussant l'admission de la bonne foi dans les contraventions et il sera plus facile encore de se rendre compte qu'il est grand temps de couper court à ces jugements dangereux.

Prenons au hasard dans les dernières décisions de la justice.

Par suite d'une désignation incomplète de récépissé, un domestique d'entrepreneur de roulage fait une fausse déclaration à l'octroi d'Avranches :

« ... En ce qui concerne le sieur Rohée (c'est le domestique);

» Attendu, dit le tribunal d'Avranches dans son jugement du 28 mai 1873, que la contravention qui a motivé l'action dirigée contre lui est établie par un procès-verbal régulier et faisant foi jusqu'à inscription de faux; qu'il y a lieu dès lors à l'en déclarer coupable;

» En ce qui touche le sieur Husson (c'est l'entrepreneur de roulage);

» Attendu qu'aux termes de l'article 1384 du Code civil, les maîtres sont civilement responsables du fait de leurs serviteurs ou préposés, et que Rohée, domestique de Husson, agissait incontestablement en cette qualité et dans ces fonctions, qu'il y a donc lieu de dire à bonne cause la demande de responsabilité civile fournie contre Husson... »

Rien à dire pour la responsabilité ici, puisque ce n'est que la responsabilité *civile;*

mais ce n'est pas tout : nous arrivons au tour de la compagnie du chemin de fer.

« ... En ce qui concerne le sieur Pérard, directeur de la compagnie du chemin de fer de l'Ouest ;

» Attendu que ledit sieur Pérard fait défaut, quoique régulièrement assigné, qu'il y a lieu de prononcer défaut contre lui ;

» Attendu qu'aucune difficulté n'étant soulevée quant à la recevabilité de l'appel en garantie formé contre ledit sieur Piérard, il y a lieu d'apprécier au fond cet appel en garantie ;

» Attendu que la déclaration qui a donné lieu au procès-verbal et à la citation a été faite par Rohée en conformité du récépissé délivré à Husson, à la gare de Villedieu, le 2 mars dernier, par la compagnie du chemin de fer de l'Ouest, d'où suit que ladite compagnie est responsable envers Rohée et Husson, par application de l'article 1382 du Code civil, des suites de la contravention reprochée à Rohée comme auteur principal... »

Les faits s'étaient passés de la manière suivante : Le 1er mars 1873, le sieur L***, négociant à Caen, remettait en gare de cette ville une caisse de *chandelle anglaise*, imitant la bougie, qu'il déclarait *chandelle composée*, ce qui est la traduction littérale du nom propre, *composite candle*, de ce produit, dans son pays d'origine. Il lui fut délivré un récépissé conforme; mais l'agent de la gare, dédaignant ou oubliant l'adjectif *composée*, transcrivit simplement *chandelle* sur le récépissé à remettre au destinataire qui devait accompagner la marchandise.

Le messager Husson, voiturier libre, à la tête d'un service de roulage entre Villedieu et Avranches, était désigné par la déclaration de l'expéditeur pour effectuer le transport... Disons de suite que la chandelle n'était point frappée par l'octroi de cette ville, tandis que la bougie l'était; or, la chandelle composée, ayant la mèche moulinée et chimiquement préparée, était avec raison taxée comme la bougie pour l'octroi... Trompé par la désignation incomplète du récépissé, le domestique Rohée déclare la caisse comme contenant de la chandelle et se voit dresser procès-verbal[1]...

Dans ce premier exemple, la bonne foi du domestique Rohée n'est pas douteuse et on ne peut lui reprocher la moindre négligence puisque le jugement reconnaît lui-même que la faute incombe à l'employé du chemin de fer.

Cependant, comme la contravention est constatée lorsque Rohée est porteur de la caisse de chandelle composée, c'est lui que le tribunal considère comme l'auteur, et, bien

1. Voir dans les pièces justificatives, nº I, l'article complet qui a paru dans le journal *la Loi*, le 18 septembre 1885, au sujet de ce procès.

entendu, avec la jurisprudence actuelle, Rohée n'a pas le droit de se justifier.

Si encore c'était, comme dans le quasi-délit, une réparation civile; mais, non pas, ici c'est une peine.

« ... Condamne, dit le jugement, Rohée à une *amende* de 100 francs et à payer à M. le maire d'Avranches une somme de 100 francs à raison de la contravention ci-dessus indiquée, le condamne enfin aux dépens (sans compter la responsabilité du voiturier et le recours contre la compagnie)... »

Ce qui fait au total 200 francs, outre les dépens, pour une faute commise par un autre (preuve qu'il eut été facile de faire).

Remarquez que, dans l'espèce, ceux contre lesquels Rohée pourra se retourner sont solvables, mais s'ils étaient insolvables?

X

Responsabilité pénale.

Dans ce premier exemple, la dérogation à l'article 1er du Code pénal, quant à la quotité de la peine, est incontestable, puisque la condamnation est supérieure à 15 francs d'amende.

Examinons maintenant la responsabilité *pénale.*

Que dit le tribunal de Ruffec dans son jugement du 19 novembre 1884?

« ... Attendu que si, d'après les règles du droit commun, l'entrepreneur, et plus généralement le maître, *n'est point pénalement* responsable des crimes, délits ou contraventions perpétrés à son insu par son préposé ou domestique, et n'en peut encourir que la responsabilité civile, ce principe souffre exception;

» Qu'il est admis par la jurisprudence qu'en matière de professions industrielles réglementées, l'obligation d'assurer l'exécution des lois et règlements qui les concernent, est imposée spécialement aux chefs et directeurs des compagnies et entreprises; qu'ils sont ainsi chargés, sous leur responsabilité directe et personnelle, de surveiller les tiers qu'ils se sont substitués, et *sont passibles*, pour défaut de contrôle efficace, *des peines édictées contre les auteurs* des contraventions, sans préjudice de la responsabilité pénale encourue par ces derniers eux-mêmes à raison de leurs agissements... »

Ce jugement de Ruffec n'est pas une exception : vous trouverez des pages entières de Dalloz dans lesquelles sont énumérées les responsabilités pénales.

Les propriétaires de maisons dans les villes, notamment, ne se doutent pas qu'ils sont sous le coup de condamnations bien difficiles à prévoir!

« En matière de contravention de simple police, dit Dalloz, le propriétaire, dans le cas où il s'agit de l'infraction à une obligation qui, à proprement parler, lui est imposée personnellement, peut être déclaré *pénalement* responsable des infractions commises par des tiers; par exemple, le propriétaire peut être déclaré, par le règlement qui prescrit de fermer la nuit, pendant certaines heures, les portes ouvrant sur la voie publique, *pénalement* responsable de l'inexécution de cette prescription par les locataires. »

Bien plus, un propriétaire traite avec une compagnie pour le balayage de la rue devant sa maison :

« ... La contravention pour défaut de balayage de la voie publique au-devant d'une maison est avec raison poursuivie contre le propriétaire... bien qu'il ait traité avec une compagnie. »

On pourrait ne pas insister si cette véritable tyrannie ne s'exerçait pas au delà de simples contraventions, mais nous savons maintenant qu'il n'y a plus de limites à la responsabilité pénale, grâce au *délit-contravention*.

Puisque nous citons Dalloz, prenons encore un exemple :

Ici, ce n'est plus une contravention punie de peines de simple police.

« ... Un chef de gare répond des contraventions résultant de ce que des colis contenant des lettres et papiers ont été expédiés de la gare qu'il dirige, en infraction aux lois sur la poste. Dans les gares d'une certaine importance, où les expéditions de colis forment un service spécial, c'est au chef de service que la responsabilité incombe... »

Il ne faut pas oublier qu'il s'agit toujours là de responsabilité *pénale*.

Consciencieusement cette jurisprudence est-elle soutenable? Comment un chef de gare peut-il éviter les condamnations, à moins de faire ouvrir tous les colis et de les examiner minutieusement les uns après les autres. Rien même ne dit que le fraudeur, plus adroit que le chef de gare, n'arrivera pas à dissimuler la lettre qui devra motiver plus tard une contravention.

Le tribunal de Ruffec parlait tout à l'heure de la responsabilité pénale des directeurs de compagnies... La position de directeur d'une compagnie de chemin de fer ne sera plus tenable si l'on applique ces principes rigoureusement. Voici le directeur de Paris-Lyon-Méditerranée qui a sous ses ordres environ *soixante mille* employés. Sa vie et sa bourse ne suffiront pas pour payer les amendes et faire les jours de prison que lui vaudra sa responsabilité pénale!

Tel est cependant le résultat que l'on obtient lorsque l'on abandonne les principes essentiels du droit.

Dans toutes les espèces que nous venons de parcourir, si l'individu, prévenu de contravention, avait le droit d'exciper de sa bonne foi, les magistrats pourraient juger les contraventions comme les autres infractions et ne condamner que les coupables.

Mais la jurisprudence a préféré s'écarter de la ligne droite, sans doute pour brasser plus d'affaires, et, depuis ce temps-là, on démolit pierre par pierre tout l'édifice si laborieusement construit par nos pères.

XI

Complicité.

Il y a encore une autre question à examiner, celle de la complicité.

Que dit Le Sellyer :

« Quant aux contraventions de simple police, aucune disposition générale du Code pénal n'en punit les complices. Les articles 59 et suivants ne statuent que sur les complices des *crimes* et *délits*, ainsi que le prouvent leurs textes et la rubrique du livre II du Code pénal, auquel ils appartiennent. Ce qui regarde les contraventions de simple police est réglé dans un livre spécial, le livre IV, et il n'y est parlé de complices que pour un seul cas particulier, celui des articles 479, n° 8, et 480, n° 5.

» Ajoutons que l'orateur du gouvernement présente le Code de 1810 comme ne sévissant que contre les complices de crimes et de délits *correctionnels.* (Locré, tome XXIV, p. 262.) Il faut donc reconnaître que les complices de simples contraventions ne sont point, en général, punis par la loi.

» Peut-être, ajoute Le Sellyer, faut-il dire comme le fait M. Carnot pour les tentatives de contraventions (n° 3 sous l'art. 3 du Code pénal), que le législateur ne s'occupe point des infractions trop peu importantes pour fixer son attention? *De minimis non curat Prætor.* Le législateur devait nécessairement punir l'auteur de la contravention; sans quoi la loi n'aurait pas eu de sanction sous ce rapport : mais rien ne l'obligeait à multiplier les procès ou à les étendre, en des matières aussi minimes, pour atteindre, avec l'auteur de l'infraction, celui qui en pouvait être le complice... »

XII.

Coauteur.

Enfin, direz-vous, après cette lecture, voici la preuve que les législateurs ont voulu adoucir la loi pour les infractions minimes.

— Ces mesures bienveillantes étaient peut-être dans l'esprit des législateurs de 1810, mais la jurisprudence actuelle a mis ordre à cet élan de générosité.

« La question de savoir, suivant Dalloz (C. pén., art. 59-60), si un individu est punissable comme complice ou comme auteur principal se présente aussi, lorsqu'il s'agit de faits ne comportant pas la complicité, soit à raison de la nature de l'infraction, soit parce qu'ils ne sont pas punissables.

» Ainsi, en matière de contraventions, où la complicité n'est pas admise, sont punissables comme *coauteurs* les individus qui, au lieu de se borner à des actes de complicité extrinsèques à l'action, et tendant à en préparer, faciliter et réaliser la consommation, ont commis des faits qui, par la simultanéité d'action et l'assistance réciproque, constituent la perpétration même, les individus coupables de ces derniers actes étant bien moins des complices que des coauteurs de l'infraction. (Cr. c., 17 déc. 1859.) »

« Dès lors, quand il y a participation constatée au fait qui constitue une contravention de simple police, le juge ne peut fonder l'acquittement sur ce que la complicité n'est pas punie en matière de contraventions, s'il n'établit, en même temps, que la participation incriminée a été toute passive et n'a pas eu le caractère d'une participation comme coauteur. (Cr. c., 6 mars 1862.)... »

Peut-on tourner la loi avec de plus belles phrases !...

J'ai sous les yeux toute une polémique qui est née de cette discussion sur les actions *intrinsèques* et *extrinsèques*.

Un enfant, âgé de plus de trois ans, monte en chemin de fer sans billet : sa mère qui l'accompagne est munie d'un billet pour elle-même.

On constate la contravention. Quel est le coupable ?

« ... Attendu, dit le tribunal de Neufchâtel, que les peines sont personnelles ; que la prévenue, pourvue d'un billet parfaitement régulier, n'avait par elle-même commis aucune contravention ; que son jeune enfant était seul coupable d'une infraction dont il était irresponsable et dont la mère ne pouvait être déclarée complice, puisqu'il s'agissait d'une contravention, et qu'en matière de contravention la complicité en droit n'existe pas. (Jugement du 22 janvier 1875.) »

Mais la cour de Rouen réforme cette décision; « elle considère, dit le journal *la Loi*, qu'à raison de son âge, c'était à la mère qui conduisait cet enfant à pourvoir aux charges et nécessités du voyage; que c'était elle qui avait fait entrer son enfant dans la voiture; que c'était ainsi elle qui, en réalité, avait commis une faute et la contravention prévue par l'article 63, § 1er, de la loi du 15 novembre 1846, fraude et contravention dont elle seule tirait profit et dont elle devait supporter les conséquences. Bien qu'elle ne le dise pas expressément, la cour a certainement vu, dans les faits qu'elle retient, des éléments suffisants pour déclarer la mère *non pas complice, mais coauteur* de la contravention, et c'est assurément aussi la pensée qu'il faut chercher sous les termes, d'une concision extrême, du jugement ci-dessus. »

Ce jugement, auquel *la Loi* fait allusion, était de la 11e chambre du tribunal de la Seine, en date du 27 janvier 1885, et prononçait une condamnation conforme à la jurisprudence de Rouen [1].

Que de mal pour arriver à une condamnation !

1. Voir *Pièces justificatives*, n° II.

XIII.

Questions de douanes.

Nous pourrions nous arrêter : la démonstration est faite et les théories de Le Sellyer, en face de la pratique actuelle, prennent une nouvelle force qui leur manquait peut-être avant la généralisation du délit-contravention.

Mais la lutte contre la routine offre tant de résistances qu'il ne faut pas craindre de répandre la lumière à profusion.

La jurisprudence donne des preuves (plus palpables encore, s'il est possible), de son imprévoyance quand il s'agit de juger des questions où *légalement* la bonne foi ne doit pas être admise, dans les questions de douane principalement.

En s'appuyant sur ces traditions fiscales d'un autre temps, les magistrats arrivent à rendre des jugements qui feront l'étonnement du lecteur.

L'intérêt est d'autant plus grand à signaler ces véritables écarts de la loi que les exemples que nous allons citer, s'appuyant sur un texte formel[1] et produisant les effets que nous apprécierons, le raisonnement nous conduira fatalement à conclure que le jour prochain où l'exception de bonne foi pourra être rejetée dans toute espèce de délit, ce ne sera plus une partie plus ou moins grande de nos lois, mais notre législation entière qui devra s'incliner devant les principes absolument contraires aux premiers éléments du droit pénal.

Lisez et jugez :

1. Loi sur le tarif des Douanes, 9 floréal an VII : « Art. 16 *(in fine)*. ... Il est expressément défendu aux juges d'excuser les contrevenants *sur l'intention.* »

COUR DE CASSATION (Ch. réun.).

Présidence de M. BARBIER, 1er prés.

Audience du 21 janvier 1885.

DOUANES. — CONTREBANDE. — CHEMIN DE FER CONDUCTEUR. — RESPONSABILITÉ.

Lorsque les marchandises prohibées à l'entrée ont été trouvées dans un train de chemin de fer, spécialement dans un fourgon de queue, le juge ne peut se dispenser de condamner le conducteur préposé à la surveillance de ce wagon, sous prétexte que, n'étant pas le conducteur chef du train, il n'aurait pas légalement la surveillance des wagons, et, par conséquent, ne serait pas spécialement responsable de la provenance des marchandises transportées et qu'il faudrait, au contraire, que l'administration pût arguer contre lui, sinon d'un fait personnel de contrebande, tout au moins de la connaissance qu'il aurait eue de la présence des marchandises prohibées dans le wagon, attendu qu'il ne serait pas sous le coup d'une présomption de faute.

Ainsi jugé, sur le pourvoi de l'administration des Douanes, par la cassation d'un arrêt de la Cour de Chambéry, en date du

15 mai 1884, rendu sur renvoi, après cassation du 13 mars 1884.

Le conducteur préposé à la surveillance d'un wagon doit donc s'assurer que les colis ne contiennent pas de contrebande. C'est comme le chef de gare que nous citions tout à l'heure... et c'est tout aussi inexécutable.

Un doute est venu cependant dans l'esprit de la Cour suprême. Avec le nouveau service des colis postaux, il est non seulement difficile pour le chef de train, mais il lui est défendu de faire la moindre vérification d'un paquet cacheté.

En présence de cette objection, la chambre criminelle, dans son arrêt du 23 janvier 1885, a déclaré que « la responsabilité cesse à l'égard des compagnies chargées, aux lieu et place de l'administration des Postes, du transport de colis postaux, en vertu de la loi du 3 mars 1881 et de la convention diplomatique, ces compagnies étant tenues de recevoir ces colis soigneusement clos et cachetés et de les transporter à destination dans un bref délai déterminé par les règlements, qui les met dans une *impossibilité légale* de les ouvrir pour en vérifier le contenu, soit au moment où ils leur sont confiés, soit en cours de voyage... » (Voir l'arrêt aux *Pièces justificatives*, n° III).

Je demande pardon à la Cour de cassation, mais elle me permettra de lui faire observer que s'il y a *impossibilité légale* d'ouvrir des colis postaux, il y a *impossibilité matérielle* de visiter les colis ordinaires enfermés dans un wagon qui peut charger dix mille kilogrammes de marchandises, et que la seconde impossibilité est bien au moins aussi excusable que la première.

Le temps matériel ne manque-t-il pas également pour vérifier les marchandises ordinaires, d'autant plus que cette vérification ne pourrait se faire généralement qu'en présence des expéditeurs.

Pour être exact, il faudrait même dire que si le conducteur est remplacé en route (ce qui arrive souvent), le nouveau conducteur aurait le droit d'exiger une nouvelle vérification pour couvrir sa propre responsabilité.

Dans l'exemple que nous avons cité à propos des *chandelles composées*, si le domestique du voiturier avait demandé cette vérification, il n'aurait pas été condamné pour contravention, mais devant qui aurait été faite cette visite, puisque l'expéditeur n'était pas présent.

On voit d'ici le désordre qui règnerait dans le transport des marchandises si tout préposé avait le droit de clouer, de déclouer, selon son bon plaisir, et de bouleverser les colis emballés avec les plus grandes précautions...

En vérité, je ne sais pourquoi je continue. La lumière n'est-elle pas faite pour tout le monde, et la grande erreur commise par nos tribunaux en rejetant la bonne foi dans les contraventions n'est-elle pas prouvée?

Les inconvénients de ce système de responsabilité poussée aux dernières limites ne sont-ils pas évidents, lors même que les arrêts s'appuient sur un texte de loi, interprété, il est vrai, dans une étendue que n'avaient probablement pas mesurée ses auteurs?

Il faut donc, non seulement abandonner cette manière de juger, mais abroger les lois d'exception dans les passages qui n'admettent pas la bonne foi comme excuse.

XIV.

Premières tendances de la Cour de cassation à admettre la bonne foi dans les contraventions.

Au début de cette étude, j'étais effrayé de n'avoir pour me soutenir que le Traité de M. Le Sellyer, et, cependant, non loin de nous, j'entendais comme une clameur confuse qui s'élevait pour venir à notre aide.

Je ne me trompais pas : l'opinion publique s'est émue de voir ainsi les condamnations se répéter sans cesse et les responsabilités s'étendre sur les têtes les plus innocentes [1].

1. La concision de cette étude ne nous permet pas d'étudier une à une les nouvelles lois dans lesquelles on trouve souvent ces nouvelles tendances à modifier la jurisprudence au point de vue de la responsabilité

Déjà dans les débats qui avaient lieu à la Chambre des députés, au sujet de la loi du 29 juillet 1881 sur la liberté de la presse, des discussions s'étaient élevées à propos de *l'intention coupable* et ces discussions, qui ne modifièrent pas le texte de la loi, n'avaient pas moins laissé une trace profonde dans l'esprit des magistrats.

Depuis, il semblerait qu'un nouveau souffle

pénale en matière de contraventions : citons cependant l'article 13 de la loi du 21 juin 1873 qui, dans la circulation des boissons, donne la possibilité aux transporteurs et à leurs préposés de couvrir leur responsabilité par certaines mesures qui seraient inutiles si l'excuse de *la bonne foi* n'était pas admise.

« *13. Dans les cas de fraude prévus par l'article précédent et les lois antérieures, les transporteurs ne seront pas considérés, eux et leurs préposés ou agents comme contrevenants, lorsque, par une désignation exacte et régulière de leurs commettants, ils mettront l'Administration en mesure d'exercer des poursuites contre les véritables auteurs de la fraude.* »

(Loi sur les Contributions directes.)

Voir également la note, *Pièce justificative*, nº I.

de liberté ait passé par la Cour de cassation, car nous trouvons, dans un de ses derniers arrêts, une sorte de réaction en faveur du système que nous défendons.

« La lacération des affiches électorales, dit l'arrêt du 3 avril 1886, n'est punissable *qu'autant qu'il est constaté en fait que cette lacération a été faite* « MÉCHAMMENT » *dans l'intention* de faire obstacle à la libre communication par affiches entre électeurs.

» Bien que l'article 17, § 3, de la loi du 29 juillet 1881 *ne s'explique pas dans son texte sur la nécessité de l'intention malveillante comme élément essentiel de la contravention*, cet élément est reconnu nécessaire par interprétation du texte, à raison des explications résultant des débats parlementaires qui ont eu lieu lors du vote de la loi. »

N'est-ce rien que cette décision de la Cour suprême?

La contravention n'est donc plus le fait

matériellement constaté : on peut donc invoquer sa bonne foi !

Mais alors notre cause est gagnée, puisqu'en thèse générale il n'existe pas de texte qui rejette la bonne foi dans les contraventions et que, par suite, il n'est pas même besoin pour les juges de se reporter aux explications des débats parlementaires pour savoir si les législateurs de 1810 ont admis ou n'ont pas admis la bonne foi, eux dont la classification ne parlait que de la quotité de la peine et ne disait rien de l'intention ni de la question de bonne foi.

En résumé, tant que la mauvaise interprétation de la loi n'a causé des désordres que dans l'application des peines de simple police, on a pu laisser de côté les scrupules de M. Le Sellyer, mais aujourd'hui qu'il n'est pas possible de nier le désordre produit dans la distribution de la justice par l'acceptation d'un principe absolument injuste comme celui de la négation de la bonne foi; aujourd'hui que les responsabilités pénales admises par la création du *délit-contravention* consacrent des condamnations aussi peu méritées que désastreuses pour ceux qui sont frappés, il est du devoir de la magistrature de modifier sa jurisprudence et de revenir à la saine interprétation de la loi.

Elle parviendra facilement à ce but en s'appuyant sur les principes essentiels du droit pénal qui peuvent se résumer en ces quelques mots : *Il n'y a pas de peine quand il n'y a pas de faute, et il n'y a pas de faute quand il n'y a pas d'intention coupable.*

N'oublions pas, en terminant cette discussion dont nous demandons au lecteur d'excuser la longueur, n'oublions pas, dis-je, que nous ne prêchons pas ici l'irresponsabilité.

Lorsque par *votre fait* (et non plus par votre faute), vous avez causé un préjudice à autrui, vous devez une réparation; mais ce n'est plus qu'une réparation *civile :* il y a alors *quasi-délit.*

« La distinction entre le délit et le quasi-délit, dit Dalloz, vient du Droit romain. Le délit emportait l'idée de dol, le quasi-délit en était exempt. De même dans notre législation, le délit est un fait intentionnel, le quasi-délit, un fait dont l'intention ne peut être incriminée. »

Les droits de chacun seront donc respectés en admettant l'excuse de bonne foi dans les contraventions, et, par ce retour à une juste intérprétation des lois pénales, nous aurons ainsi rompu les derniers liens qui nous tenaient encore attachés à la législation arbitraire des siècles passés.

PIÈCES JUSTIFICATIVES

PIÈCES JUSTIFICATIVES

Nº I.

Des erreurs dans la déclaration aux octrois des marchandises transportées par chemins de fer, et des responsabilités qui en découlent[1].

Le transport des marchandises par chemin de fer est assujetti, comme toutes les choses humaines, à des erreurs multiples qui engendrent des responsabilités diverses. Lorsque les marchandises transportées sont, au lieu de destination, sujettes à l'octroi, les inexactitudes qui peuvent se produire dans leur désignation sont particulièrement intéressantes, en ce qu'elles donnent ouverture à des responsabilités d'ordre civil et pénal de plus d'un genre. Nous pen-

1. La reproduction *in extenso* de ces articles du journal *La Loi* nous a paru nécessaire pour mettre plus en lumière l'état de la jurisprudence actuelle en matière de contraventions.

R. L.

sons faire œuvre utile en exposant ici, en détail, une affaire de cette nature, qui a passé par de nombreuses phases, présentant à peu près toutes les particularités auxquelles peuvent donner lieu de telles erreurs.

Le 1er mars 1873, le sieur Laffetay, négociant à Caen, remettait en gare de cette ville, à destination du sieur Fontaine, épicier à Avranches, une caisse de *chandelle anglaise* imitant la bougie, qu'il déclarait *chandelle composée*, ce qui est la traduction littérale du nom propre, *composite candle*, de ce produit dans son pays d'origine. Il lui fut délivré un récépissé conforme; mais l'agent de la gare, dédaignant ou oubliant l'adjectif *composée*, transcrivit simplement *chandelle* sur le récépissé à remettre au destinataire, qui devait accompagner la marchandise. Le messager Husson, voiturier libre à la tête d'un service de roulage entre Villedieu et Avranches, était désigné par la déclaration de l'expéditeur pour effectuer le transport de la gare de Villedieu au domicile du destinataire, la voie ferrée n'allant point jusqu'à Avranches. Disons de suite que la chandelle n'était point frappée par l'octroi de cette ville, tandis que la bougie l'était; or, la chandelle composée, ayant la mèche moulinée et chimiquement préparée, était avec raison taxée comme la bougie par l'octroi, ainsi qu'elle le fut plus tard par la loi du 30 décembre 1873 (S., 1874, *Lois annotées*, p. 485; D., 1874, 4, 31), dont l'article 9 imposait les chandelles et bougies à mèche tissée ou tressée ou moulinée, ayant subi une préparation chimique. Trompé par la désignation incomplète du récépissé, le domestique Rohée, de l'entreprise Husson, déclara la caisse à l'octroi comme contenant de la *chandelle*, et se vit dresser procès-verbal. Traduits devant le tribunal correctionnel d'Avranches, Rohée et Husson y appelèrent en garantie le directeur de la compagnie des chemins de fer de l'Ouest. Le 28 mai 1873, intervint le jugement suivant :

En ce qui concerne le sieur Rohée :
Attendu que la contravention qui a motivé l'action dirigée contre lui est établie par un procès-verbal régulier et faisant foi jusqu'à inscription de faux; qu'il y a lieu dès lors de l'en déclarer coupable;

En ce qui concerne le sieur Husson :
Attendu qu'aux termes de l'article 1384 du code civil les maîtres sont civilement responsables du fait de leurs serviteurs ou préposés, et que Rohée, domestique de Husson, agissait incontestablement en cette qualité et dans ses fonctions; qu'il y a donc lieu de dire à bonne cause la demande de responsabilité civile formée contre Husson;

En ce qui concerne le sieur Piérard, directeur de la compagnie du chemin de fer de l'Ouest :
Attendu que ledit sieur Piérard fait défaut, quoique régulièrement assigné; qu'il y a lieu de prononcer défaut contre lui;
Attendu qu'aucune difficulté n'étant soulevée quant

à la recevabilité de l'appel en garantie formé contre ledit sieur Piérard, il y a lieu d'apprécier au fond cet appel en garantie;

Attendu que la déclaration, qui a donné lieu au procès-verbal et à la citation, a été faite par Rohée en conformité du récépissé délivré à Husson à la gare de Villedieu, le 2 mars dernier, par la compagnie du chemin de fer de l'Ouest; d'où suit que ladite compagnie est responsable envers Rohée et Husson, par application de l'article 1382 du code civil, des suites de la contravention reprochée à Rohée comme auteur principal;

Par ces motifs,

Donne défaut contre Piérard;

Déclare le nommé Zéphyrin Rohée coupable d'avoir, le 6 mars dernier, à Avranches, contrevenu au règlement d'octroi de ladite ville, en déclarant, au bureau d'octroi de Ponts-sous-Avranches, entrer en ville une caisse renfermant trente-neuf kilogrammes de chandelle, tandis qu'en réalité ladite caisse contenait trente-six kilogrammes de bougie;

En conséquence, lui faisant application des articles 4 et 5 du règlement d'octroi de la ville d'Avranches, des articles 46 de la loi du 28 avril 1816, 8 de la loi du 29 mars 1832 et 9 de la loi du 24 mai 1834 . . . . .

. . . .

Condamne Rohée à une amende de 100 francs et à payer à monsieur le Maire d'Avranches une somme de 100 francs à raison de la contravention ci-dessus indiquée, le condamne enfin aux dépens;

Déclare le sieur Husson civilement responsable des condamnations prononcées contre Rohée, et le condamne conjointement et solidairement avec ce dernier;

Déclare recevable et fondée la mise en cause du sieur Piérard en sadite qualité; accorde aux sieurs Rohée et Husson recours contre ledit sieur Piérard, à raison des condamnations qui précèdent et des dépens.

Le tribunal correctionnel était assurément compétent pour statuer à l'égard de Husson (art. 182 du code d'instr. crim.), et la condamnation de ce dernier, solidairement avec Rohée comme civilement responsable, n'avait rien que de conforme à la jurisprudence existante. (V. Dalloz, *Jurispr. gén.*, v° *Octroi*, n° 403.) Mais on ne saurait en dire autant en ce qui concerne la compagnie de l'Ouest. En effet, le tribunal correctionnel, compétent pour statuer sur l'action civile ayant pour objet la réparation du dommage résultant, pour la partie plaignante, du délit commis à son préjudice, ne l'est pas pour connaître de l'action en garantie formée par l'auteur de l'infraction contre des tiers auxquels il impute d'être la cause indirecte du fait qui a amené les poursuites[1]. Il faut rapprocher cette théorie de ce principe, reçu en jurisprudence, que « le garant ne peut être amené devant le tribunal

1. Dalloz, *Jurispr. gén.*, v° *Instr. crim.*, n° 35; — Cass., 9 décembre 1843 (D. *ibidem*, et S., 44, 1, 324 et la note); — Merlin, *Rép.*, v^is *Délit*, § 10, et *Délit forest.*, § 19; — Conf., Trébutien, *Cours de Dr. crim.*, 2e édit., II, n° 131.

du défendeur principal que si la demande en garantie et la demande principale appartiennent à la même matière et relèvent du même ordre de juridiction. » Cass., 16 mars 1885. (S., 85, 1, 313 et la note 4.) Dans l'espèce, l'appel en garantie de la compagnie par Rohée était motivé par un quasi-délit, ou, pour parler plus exactement, par une faute purement civile commise par l'agent de la compagnie de l'Ouest dans l'établissement du récépissé, c'est-à-dire dans l'accomplissement du contrat de transport; l'incompétence du tribunal correctionnel à cet égard paraît absolue.

Aussi quand, le 4 juin suivant, la compagnie forma opposition en appelant toutefois à son tour Laffetay à sa garantie, le tribunal correctionnel se déclara incompétent, par jugement en date du 2 juillet 1873 :

Vu le jugement rendu par le tribunal correctionnel d'Avranches, le 28 mai dernier ;

Vu l'opposition formée contre ce jugement par la compagnie des chemins de fer de l'Ouest, suivant exploit du 11 juin dernier;

Vu l'action introduite par ladite compagnie suivant exploit du 26 mai dernier;

Attendu que l'opposition formée par la compagnie des chemins de fer de l'Ouest est recevable et qu'il y a lieu, en mettant à néant, au respect de ladite compagnie, le jugement du 28 mai dernier, d'apprécier au fond le mérite de cette opposition, si toutefois le tribunal se reconnaît compétent ;

Attendu que le tribunal est saisi en même temps de l'action en recours ou en garantie formée par la compagnie de l'Ouest contre Laffetay;

Que la jonction de ces deux instances, réclamée par la compagnie des chemins de fer de l'Ouest, n'est pas contestée et semble conforme à l'intérêt de toutes les parties en cause;

Attendu, sur l'exception d'incompétence proposée par Laffetay, que les tribunaux correctionnels, à titre de juridiction d'exception, doivent en toute matière puiser le principe de leur compétence dans un texte de loi formel; que ces tribunaux, d'après l'article 3 du code d'instruction criminelle, sont compétents pour prononcer sur l'action civile en même temps que sur l'action publique, mais qu'aucun texte ne les autorise à statuer sur les demandes en garantie, qui constituent des demandes purement civiles et qui ne sont pas, comme l'action directe en réparation du dommage causé par le délit, un accessoire de la plainte;

Que cette incompétence, tenant au principe de la division des juridictions, est d'ordre public et doit être suppléée, même d'office, par les tribunaux;

Attendu qu'à un autre point de vue encore le tribunal doit se déclarer incompétent pour statuer sur l'action en recours ou en garantie formée contre Laffetay; qu'en effet, il paraît constant que, dans la loi du 28 avril 1816, les amendes conservent jusqu'à un certain point leur caractère normal et ordinaire de pénalités vis-à-vis du contrevenant, puisqu'elles ne peuvent être appliquées qu'à la personne, puisque, en outre elles sont fixes et non proportionnées, comme devrait l'être une réparation, à l'importance de la fraude constatée ; mais que, d'un autre côté, plusieurs arrêts ont admis avec raison que les amendes, en matière de contributions indirectes et d'octroi, peuvent être considérées vis-à-vis des garants comme la réparation du dommage ; qu'il suit de là que si, en définitive, l'amende reste toujours une peine vis-à-vis du contrevenant, et si l'application de cette peine appartient à la juridiction correctionnelle, celle-ci est nécessairement et absolument incompétente pour prononcer en même temps sur des appels en garantie qui constituent des demandes à fins civiles ;

Attendu qu'en conséquence de ce qui précède, le tribunal doit admettre l'exception proposée par Laffetay et, d'un autre côté, se déclarer d'office incompétent pour statuer sur l'action récursoire formée par Husson contre la compagnie des chemins de fer de l'Ouest ;

Attendu que la mise en cause de la compagnie de l'Ouest par Husson, et celle de Laffetay par ladite compagnie ne peuvent se justifier, même en considérant la compagnie de l'Ouest et Laffetay comme étant d'une manière indirecte les commettants de Rohée ; que ce serait là une extension abusive et dangereuse des termes de l'article 1384 ; que dès lors il n'y a pas lieu de s'arrêter à ce moyen invoqué par Rohée et Husson pour le cas où le tribunal se déclarerait incompétent ;

Attendu que le jugement du 28 mai dernier doit recevoir son entier effet en ce qui concerne les condamnations prononcées au profit de M. le maire d'Avranches contre les sieurs Rohée et Husson;

Attendu, relativement aux dommages-intérêts demandés par Laffetay, qu'il n'est justifié d'aucun préjudice pouvant en motiver;

Attendu, relativement aux dépens, que la compagnie de l'Ouest ayant indûment mis en cause Laffetay, doit être condamnée envers lui aux dépens de son approchement; que Rohée et Husson, succombant dans leur action contre ladite compagnie, doivent supporter tous autres dépens;

Par ces motifs,

Statuant en premier ressort, déclare jointe l'instance résultant de l'opposition formée par la compagnie de l'Ouest au jugement du 28 mai dernier et celle introduite par ladite compagnie, suivant exploit du 26 mai dernier;

Déclare recevable, en la forme, l'opposition formée par la compagnie des chemins de fer de l'Ouest au jugement du 28 mai dernier;

Dit à bonne cause l'exception proposée par Laffetay et se déclare incompétent pour statuer sur l'action en recours ou en garantie formée contre ledit sieur Laffetay par ladite compagnie;

Déclare d'office incompétemment introduit devant le tribunal correctionnel l'appel en garantie formé par Rohée et Husson contre la compagnie de l'Ouest;

Dit à bonne cause l'opposition de cette compagnie, au jugement du 28 mai dernier;

Met à néant ce jugement au respect de la partie opposante, et la décharge de toutes condamnations prononcées contre elle, au profit de Husson ou de Rohée;

Maintient, dans toutes ses dispositions, le jugement du 28 mai dernier, en ce qui concerne les condamnations prononcées au profit de M. le maire d'Avranches contre Rohée et Husson;

Ordonne que ce jugement recevra, en cette partie, son plein et entier effet;

Rejette la demande de dommages-intérêts de Laffetay;

Condamne la compagnie des chemins de fer de l'Ouest aux dépens de l'approchement de Laffetay;

Condamne Rohée et Husson solidairement à tous les autres dépens, tant envers M. Sanson, maire d'Avranches, qu'envers la compagnie de l'Ouest;

Renvoie Rohée, Husson et la compagnie de l'Ouest se pourvoir, ainsi qu'ils aviseront bien, et devant juges compétents, afin d'obtenir, s'il y a lieu, et contre qui de droit, recours pour toutes condamnations prononcées tant par le jugement du 28 mai que par le présent.

Le même tribunal s'est également déclaré incompétent, le 31 janvier 1883, dans une affaire d'octroi présentant la plus grande analogie avec celle qui nous occupe (*Bulletin de l'Octroi*, 1883, p. 144[1]).

1. Dans des espèces où des entrepreneurs de transport, poursuivis pour infractions aux lois sur les boissons, avaient mis en cause les propriétaires ou expéditeurs desdites boissons, la cour

On a vu que la compagnie de l'Ouest avait émis la prétention de se faire garantir par l'expéditeur, au cas où une condamnation serait intervenue contre elle : le sieur Laffetay, au contraire, soutint que toute la faute provenait de la compagnie, et voulut laisser à son

de cassation a déclaré ce recours incompétemment introduit devant les tribunaux de répression : arrêt du 15 février 1867 (*Nouveau Recueil chronologique des lois et instructions des contributions indirectes*, par TRESCAZE, année 1867, p. 15; *Code annoté des chemins de fer*, p. 632, et D., 75,2,88, *ad notam*). Voir, dans le même sens : cours de Montpellier, 10 février 1873 (TRESCAZE, *op. cit.*, 1873; p. 8); Paris, 10 mai 1873 (*Bulletin annoté des chemins de fer*, 73, p. 148); Grenoble, 12 juillet 1873 (TRESCAZE, *op. cit.*, 1873, p. 61); Aix, 30 avril 1874 (D., 75, 2, 88). Mais il existe de nombreuses décisions contraires : cass., 14 décembre 1820 (DALLOZ, *Jurisprudence générale*, v° *Impôts indirects*, n° 519 et s., *Collection nouvelle*, VI, 1, 346); cours de Nîmes, 19 mai 1859; Lyon, 12 novembre 1866; Grenoble, 3 ou 30 novembre 1867 (B. A., 1868, 266 et *Code annoté*, p. 629); Dijon, 5 juin 1869 (B. A., 1870, p. 170; *Code annoté*, p. 632; TRESCAZE, *op. cit.*, 1 869, p. 39); Lyon, 24 février 1873 (D. 74, 5, 282) et 6 mai 1873 (B. A. 73, p. 149).

Ces divergences s'expliquent par des interprétations diverses d'un texte spécial à la législation des contributions indirectes, l'article 36 du décret du 1er germinal an XIII. La controverse sur ce point n'aurait plus qu'un intérêt théorique, depuis que la loi du 21 juin 1873 a, par son article 13, expressément autorisé les transporteurs de bonne foi à rejeter la responsabilité pénale, encourue par eux, sur les véritables auteurs de la fraude. Mais cette disposition ne s'applique pas aux contraventions d'octroi. Voir tribunal correctionnel de Charleville, 31 juillet 1884 et notre note (*La Loi*, 19 novembre 1884). *Adde :* cour d'Agen, 1er juin 1881 (*Bulletin de l'octroi*, 1885, p. 61); un pourvoi contre cet arrêt a été rejeté le 10 juin 1882 (D., 82, 1. 481; S., 84, 1, 246).

compte la caisse de chandelles qui, saisie par l'octroi, avait fini par être refusée par le destinataire; il la fit, à ces fins, citer avec ce dernier devant le tribunal de commerce de Caen. Le 13 décembre 1873, jugement ainsi conçu :

Attendu que Laffetay demande à ce que le tribunal déclare à bon droit le laisser pour compte des marchandises confiées par lui à la compagnie des chemins de fer de l'Ouest, pour être expédiées à Fontaine, épicier à Avranches, et dire en plus outre, qu'il ne saurait être garant, soit vis-à-vis de la compagnie des chemins de fer de l'Ouest, soit vis-à-vis de Fontaine, des conséquences de la prétendue contravention d'octroi constatée contre Husson et Rohée à la date du 6 mars dernier.

Attendu que la compagnie des chemins de fer de l'Ouest, de son côté, conclut à ce que la prétention de Laffetay soit déclarée mal fondée et demande qu'il lui soit accordé acte sous les plus expresses réserves de répéter sur Laffetay toutes les sommes qu'elle serait obligée de payer par suite de la fausse déclaration qui a accasionné le procès;

Attendu que Fontaine réclame que le laisser pour compte, effectué par lui, des marchandises qui faisaient l'objet de l'expédition du 1er mars 1873, soit dit à bonne cause, et qu'en conséquence, soit Laffetay, soit la compagnie des chemins de fer de l'Ouest, soient condamnés à lui payer la somme de 195 francs payée par lui pour le prix des marchandises qu'il n'a pas reçues, avec intérêts et dépens, et de plus 100 francs à titre de dommages-intérêts en réparation du préjudice par lui éprouvé, pour défaut de livraison, frais et faux frais ;

Attendu qu'il est constant qu'à la date du 6 mars dernier, les marchandises faisant l'objet de l'action ont été saisies entre les mains de Husson et Rohée, entrepreneurs de camionnage à Avranches, et que procès-verbal fut dressé contre eux par les agents de l'octroi, à la requête de M. le maire d'Avranches;

Attendu, dans ces circonstances, qu'il y a lieu de rechercher à laquelle des parties doivent incomber les conséquences de la contravention constatée, pour par elle en indemniser la partie lésée;

Attendu qu'il résulte des explications d'audience que Laffatay a expédié les marchandises : 1° avec déclaration de chandelle composée, et 2° avec indication de Husson comme voiturier, qui devait enlever la marchandise à la gare; que sur ces deux faits, Laffetay soutient, sur le premier, que la compagnie des chemins de fer de l'Ouest doit être déclarée responsable, parce que, au lieu de mentionner la déclaration entière de *chandelle composée*, elle n'en a mentionné qu'une partie, à savoir *chandelle* seulement, et que si la saisie a eu lieu, c'est par suite de la négligence de ladite compagnie; et sur le second, que la compagnie des chemins de fer de l'Ouest doit être encore déclarée responsable, parce que, sur le récépissé de la gare, donné à Laffetay et envoyé par lui à Fontaine, l'expéditeur mentionnait que la marchandise devait être enlevée de la gare par un autre que celui qui était mentionné sur les colis, c'est-à-dire un sieur Paris, lequel était chargé de faire la déclaration nécessaire à l'octroi et que, suivant cet avis en marge du récépissé, la compagnie des chemins de fer de l'Ouest ne devait pas remettre à Husson;

Attendu, sur le premier moyen, que Laffetay ne peut sérieusement l'invoquer, parce qu'il est de sa connaissance personnelle que la dénomination de *chandelle composée*, mise par lui sur sa déclaration, étant la traduction anglaise de *composite candle* est considérée en France, à juste titre ou non, comme bougie; qu'il eût dû donc ainsi traduire l'expression anglaise, ce qui évitait toute erreur possible et que, par suite, il doit être responsable de sa déclaration erronée;

Attendu, sur le deuxième moyen, que Laffetay, sur son expédition, avait déclaré que la remise de la marchandise devait être faite à Villedieu au voiturier Husson; que, par ce fait, il y avait mandat pour la compagnie, mandat dont elle ne pouvait se départir sans un ordre exprès à elle donné par l'expéditeur et qui, fût-il donné au réceptionnaire par le même Laffetay, ne pouvait délier la compagnie du premier contrat passé entre elle et ce dernier; que sur ce point encore le demandeur doit succomber dans ses prétentions;

Attendu, en plus outre, que Laffetay soutient que si la compagnie du chemin de fer de l'Ouest n'est pas déclarée responsable, c'est Fontaine qui doit supporter l'action, et qu'il appuie cette nouvelle prétention sur ce que, ce dernier étant averti par le récépissé contenant la mention, en marge, du voiturier chargé de prendre la marchandise et de la déclaration à faire, la saisie n'a eu lieu que parce qu'il n'a pas fait, quoique prévenu à temps, la rectification nécessaire ;

Attendu que ce moyen ne peut exonérer Laffetay de la faute par lui commise dans la déclaration, faute qui a causé le procès, et qu'il est impossible d'en faire supporter les conséquences au destinataire, qui y est toujours resté étranger;

Attendu, sur le laisser pour compte par Fontaine, qu'il y a lieu de l'admettre en réservant Laffetay à toute action, soit contre la compagnie des chemins de fer de l'Ouest, si cette marchandise ne lui est pas remise, soit contre le mandataire du destinataire, entre les mains duquel elle peut être restée après le procès de l'octroi d'Avranches ;

Attendu, quant aux dommages-intérêts, qu'ils sont exagérés, mais qu'il est constant qu'il est dû une juste réparation à Fontaine, et que le tribunal possède dès actuellement les éléments nécessaires pour les fixer;

Attendu que la partie qui succombe doit supporter les dépens;

Le tribunal, par jugement en dernier ressort, faisant droit, parties ouïes, en disant à bon droit le laisser pour compte sollicité par Fontaine, dit à tort la demande de Laffetay, tant à l'égard de la compagnie des

chemins de fer de l'Ouest qu'à l'égard de Fontaine ; en conséquence, condamne ledit Laffetay envers Fontaine au payement de la somme de 148 francs avec les intérêts de droit, et en 25 francs de dommages-intérêts ; réserve Laffetay à toute action, soit contre la compagnie des chemins de fer de l'Ouest si cette marchandise ne lui est pas remise, soit contre le mandataire du destinataire, entre les mains duquel la marchandise doit être restée après le procès-verbal d'octroi d'Avranches ; condamne Laffetay aux dépens.

Les raisons dont s'étaye ce jugement sont fort critiquables.

En effet, Laffetay, en déclarant au départ le contenu de sa caisse comme *chandelle composée*, ce qui n'est que la traduction littérale de *composite candle*, avait strictement et loyalement rempli son devoir d'expéditeur. Ce n'était pas de la bougie qu'il expédiait ; il ne facturait pas cette marchandise ainsi ; pourquoi alors l'aurait-il déclarée *bougie?* Il importe de remarquer que la chandelle de suif ordinaire vaut de 90 à 100 francs les 100 kilos et paye à la douane 5 francs de droits ; la *composite candle*, qui vaut de 110 à 120 francs, paye 12 francs ; la bougie ordinaire enfin vaut de 130 à 140 francs les 100 kilos, et est soumise à un droit de 16 francs. On voit combien la *composite candle* se différencie de la chandelle et de la bougie. Il est vrai qu'elle a la mèche moulinée et préparée chimiquement ; c'est pourquoi elle est assujettie au droit d'accise établi par la loi du 30 décembre 1873; mais ceci n'est pas le trait distinctif de la bougie. Enfin elle est loin de valoir la bougie à l'usage; elle coule beaucoup et n'éclaire guère mieux que la bonne chandelle : ces défauts ont même fait, depuis cette époque, renoncer à son emploi en France d'une façon presque absolue. On ne conçoit donc pas qu'elle pût être facturée ni dénommée *bougie*. Étant déclarée au chemin de fer sous le terme qui servait à la désigner dans son pays d'origine, dans le commerce et dans les factures, il n'y avait rien à reprocher à Laffetay. C'était à la compagnie de l'Ouest, mise en présence d'une marchandise étrangère qui ne figurait pas à sa nomenclature, à la classer par assimilation suivant les règles reçues[1], mais en respectant la désignation très exacte que lui avait donnée l'expéditeur. En décidant que ce dernier aurait dû la *déclarer bougie, pour éviter les erreurs possibles*, le tribunal vogue en plein arbitraire ; il refait les règlements des chemins de fer, qui n'ont jamais contenu de telles prescriptions. Si Laffetay avait agi de la sorte, il se serait même engagé dans une voie périlleuse, car la chandelle sans qualificatif figure à la 1re série du tarif général de l'Ouest, la chandelle en

1. Voir : cour d'appel d'Orléans, 17 juillet 1883 (B. A. 84, p. 108; *la Loi*, 26 octobre); tribunal de commerce de la Seine 15 décembre 1883 (B. A. 85, p. 195, et *la Loi*, 21 juin 1884); tribunal de commerce de Montpellier, 27 janvier 1885 (*la Loi* 12 septembre) et les notes sous ces décisions.

caisse à la 4e, et la bougie à la 3e. La compagnie aurait pu contester la dénomination de bougie et prétendre que la marchandise appartenait à la catégorie de la chandelle, dont les espèces diverses rentrent dans la 1re série. Combien n'était-il pas plus prudent de laisser la compagnie faire l'assimilation et fixer la taxe en conséquence ?

Que si l'on allègue qu'en prévision de la déclaration à faire à l'octroi d'Avranches, Laffetay aurait dû employer le terme de *bougie*, nous répondrons qu'exiger de la part de l'expéditeur une prévoyance et une sollicitude s'étendant aussi loin, c'est assurément trop lui demander, en même temps que laisser trop peu à faire au destinataire.

Donc la déclaration de Laffetay était irréprochable ; il était exempt de faute, et il n'en était pas de même de la compagnie, dont l'agent, par son omission du mot *composée*, était la cause unique de la contravention relevée à Avranches. Donc elle seule devait garantir de ses conséquences Rohée et Husson. C'est ce qu'a pensé le tribunal civil de la Seine, devant lequel, pendant que Laffetay plaidait à Caen, Husson et Rohée avaient traduit la compagnie, qui avait appelé Laffetay en garantie. Voici ce jugement, en date du 5 août 1874.

Sur la demande principale :

Attendu que Rohée et Husson demandent que la compagnie de l'Ouest soit tenue de leur payer la somme de 347 fr. 35, composée des amendes, frais d'octroi et de justice, montant des condamnations prononcées contre eux par jugement du tribunal de police correctionnelle d'Avranches en date du 28 mai 1873, pour fausse déclaration faite à l'octroi d'Avranches de marchandises par eux voiturées pour le compte de Fontaine, épicier à Avranches, et expédiées audit Fontaine par Laffetay, de Caen;

Attendu que cette amende a été encourue parce que Rohée, domestique de Husson, voiturier, a declaré à l'octroi d'Avranches qu'une caisse qu'il transportait, à destination de Fontaine, contenait de la chandelle, alors qu'elle renfermait de la chandelle composée;

Mais attendu que la déclaration qui a donné lieu au procès-verbal et à la contravention à la suite desquels est intervenu le jugement sus-énoncé, a été faite par Rohée en conformité du récépissé délivré à Husson, à la gare de Villedieu, par la compagnie de l'Ouest;

Que le récépissé portait sur une caisse de chandelle seulement, le mot « composée » ayant été omis par inadvertance ou négligence;

Que, dans ces conditions, la compagnie de l'Ouest doit indemniser les demandeurs des conséquences pécuniaires d'une condamnation causée par une faute qui lui est imputable et dont elle est responsable;

Mais attendu que, du montant de cette condamnation, il y a lieu de déduire la somme de 91 fr. 85, relative au jugement du 2 juillet 1873, par lequel le tribunal d'Avranches, statuant sur l'opposition formée par la compagnie de l'Ouest, au jugement par défaut du 28 mai 1873, a déclaré incompétemment introduit l'appel en garantie formé par Rohée et Husson contre ladite compagnie de l'Ouest;

Que, par suite, on doit réduire à la somme de 255 fr. 51 le recours des demandeurs contre la compagnie de l'Ouest;

Sur la demande en dommages-intérêts :

Attendu que les demandeurs ont éprouvé un préjudice par suite des poursuites dont ils ont été l'objet par la faute de ladite compagnie, qui leur en doit réparation;

Que le tribunal a les éléments nécessaires pour fixer à la somme de 150 francs le montant de ce préjudice;

En ce qui touche la demande en garantie de la compagnie de l'Ouest contre Laffetay :

Attendu que cette action ne serait fondée contre Laffetay, qui a expédié la caisse de chandelle composée dont s'agit, qu'autant qu'une faute serait établie à sa charge, lorsqu'il a opéré la remise de ce colis à la gare de Caen, le 1er mars 1873, pour être expédié à la gare de Villedieu;

Mais attendu qu'il résulte d'un récépissé, dressé sur la remise de ce colis, que la caisse a été déclarée par Laffetay comme contenant de la chandelle composée;

Qu'il est constant, d'autre part, que le récépissé délivré le 2 mars 1873, à la gare de Villedieu, à Husson, mentionnait seulement une caisse de chandelle, le mot « composée » ayant été omis, ainsi qu'il a été dit ci-dessus;

Que, dans ces conditions, et la déclaration ayant été faite à l'octroi d'Avranches conformément à ce récépissé, aucune faute imputable à Laffetay ne justifie ce recours en garantie dirigé contre lui par ladite compagnie;

Par ces motifs,

Condamne la compagnie de l'Ouest à payer à Husson et Rohée la somme de 255 fr. 51 pour les causes sus-énoncées, avec les intérêts, suivant la loi, à partir du jour de la demande, et celle de 150 francs à titre de dommages-intérêts;

Déclare la compagnie de l'Ouest mal fondée en sa demande en garantie contre Laffetay;

L'en déboute;

Condamne ladite compagnie aux dépens envers toutes les parties.

Mais, dans l'intervalle, le sieur Laffetay avait négligé de se pourvoir dans les délais légaux contre le jugement de Caen, qui avait acquis, au mois d'août 1874, force de chose jugée. La compagnie n'a pas manqué de se pourvoir contre le jugement du tribunal de la Seine, et, le 12 juin 1877, la chambre civile le cassait, pour partie, comme ayant méconnu l'autorité de la chose jugée en refusant à la compagnie son recours contre Laffetay à raison des condamations prononcées contre elle au profit de Rohée et Husson :

Sur le second moyen, tiré de la violation de l'article 105 du code de commerce :

Attendu que la fin de non-recevoir que la compagnie entend faire des dispositions de l'article 105 du code de commerce pour repousser la demande de Rohée et Husson, n'est point d'ordre public et ne peut être, pour la première fois, proposée devant la cour de cassation ;

Que la demanderesse ne justifie pas l'avoir opposée à l'action dirigée contre elle devant les juges du fond;

Que, par suite, ce moyen n'est pas recevable;

Rejette les deux premiers moyens invoqués par la compagnie de l'Ouest;

Mais, sur la première branche du troisième moyen :

Attendu qu'en énonçant dans les motifs de l'assignation en garantie donnée par elle à Laffetay « que le principe du recours en garantie avait été admis à son profit par le jugement du tribunal de commerce de Caen du 13 décembre 1873, et qu'elle était fondée à l'invoquer dans l'espèce soumise au tribunal civil de la Seine », la compagnie de l'Ouest avait expressément invoqué l'autorité de la chose jugée, résultant de ce jugement comme justifiant sa demande en garantie;

Que les conclusions de cette demande, tendant à ce que Laffetay fût tenu de prendre le fait et cause de la compagnie et condamné à la garantir de toutes condamnations, étaient la conséquence directe et immédiate du moyen unique invoqué par la compagnie dans les motifs qui les précédaient;

Que le tribunal civil de la Seine, ainsi mis en demeure de statuer sur l'exception tirée de la chose jugée, ne pouvait l'écarter sans donner de motifs à l'appui de sa décision ;

Que cependant il a repoussé l'action de la compagnie en déclarant qu'elle était responsable des suites de l'erreur commise par elle lors de la délivrance du récépissé, rejetant ainsi implicitement, mais réellement et sans donner de motifs, l'autorité de la chose jugée que la compagnie invoquait pour établir qu'elle n'avait encouru aucune responsabilité ;

Que le jugement attaqué a ainsi violé l'article 7 de la loi du 20 avril 1810 ;

Par ces motifs,

Et sans qu'il soit besoin de statuer sur la seconde branche du même moyen ;

Casse et annule, mais seulement en ce qui concerne l'action en garantie de la compagnie de l'Ouest contre Laffetay, le jugement rendu par le tribunal civil de la Seine le 5 août 1874.

Cet arrêt fermait la discussion.

Nous ferons remarquer, avant de terminer, que la fin de non-recevoir tirée de l'article 105 n'aurait pas pu, semble-t-il, être utilement invoquée devant les juges du fait, puisqu'elle n'est opposable qu'autant qu'il y a eu réception définitive de la marchandise par le destinataire désigné sur la lettre de voiture ou par son mandataire[1]. Dans l'espèce, Husson était un voiturier désigné au départ pour participer au transport, et, d'un autre côté, il n'y avait pas eu réception par le destinataire.

On peut comparer un arrêt rendu le 6 février 1862, par la cour d'appel de Paris, à propos d'une erreur du même genre ayant entraîné une amende de douane. (*Journ. des trib. de commerce*, 1862, p. 252.)

(*La Loi*, 18 septembre 1885.)

N° II.

TRIBUNAL DE LA SEINE (11e ch.).

Présidence de M. BARBIER.

Audience du 27 janvier 1885.

CHEMIN DE FER. — ENFANT ACCOMPAGNÉ. — BILLET (DÉFAUT DE). — COAUTEUR. — CONTRAVENTION.

Contrevient aux lois et ordonnances sur la police des chemins de fer, celui qui voyage avec un enfant âgé de quatre ans, sans avoir, au préalable, pris un billet pour ce dernier.

(Morel.)

Ainsi jugé dans des circonstances de fait qui sont suffisamment exposées par le jugement qui suit :

Le tribunal, en la forme, reçoit Morel opposant à l'exécution du jugement en date du 17 novembre 1884, contre lui rendu par cette chambre, qui l'a condamné par défaut à 16 francs d'amende et aux dépens pour contravention à la police des chemins de fer, et après en avoir délibéré conformément à la loi, statuant sur les conclusions préjudicielles déposées par le prévenu.

Attendu que la citation délivrée à la requête du ministère public est régulière, déclare Morel mal fondé à en demander la nullité, et pour le surplus rejette les conclusions, et ordonne qu'il sera passé outre aux débats.

Au fond, par jugement nouveau :

Attendu qu'il résulte d'un procès-verbal régulier en date du 20 mai 1884, affirmé et enregistré, dressé par Morlet, chef de gare au chemin de fer de ceinture, que ledit jour Morel a contrevenu aux lois et ordonnances sur la police des chemins de fer, en voyageant avec un enfant âgé de 4 ans, sans avoir au préalable pris de billet pour ce dernier, sur la ligne du chemin de fer de ceinture entre Paris-Saint-Lazare et la gare du Point-du-Jour; infraction prévue par l'article 63 de l'ordonnance du 15 novembre 1846 et punie par l'article 21 de la loi du 15 juillet 1845;

Condamne Morel à 16 francs d'amende et aux dépens;

Fixe au minimum la durée de la contrainte par corps s'il y a lieu de l'exercer.

Observation. — Dans une espèce analogue, où une femme était poursuivie faute d'avoir pu représenter un billet pour son enfant, âgé de plus de trois ans, voyageant avec elle, le tribunal correctionnel de Neufchâtel avait relaxé la prévenue par ces motifs : que les peines sont personnelles; que la prévenue, pourvue d'un billet parfaitement régulier, n'avait pas elle-même commis aucune contravention; que son jeune enfant était seul coupable d'une infraction dont il était irresponsable, et dont la mère ne pouvait être déclarée complice, puisqu'il s'agissait d'une contravention, et qu'en matière de contravention la complicité en droit n'existe pas; jugement du 22 janvier 1875 (S., 75, 2, 137; D., 75, 2, 239, et *Bull. ann. des ch. de fer*, 1875, p. 199). Mais le 25 mars suivant, la cour de Rouen a réformé cette décision (S. D. et B. A. *loc. cit.*), et son arrêt est approuvé par MM. Ruben de Couder, *Dict. de dr. comm.* v° *Ch. de fer*, n° 33, et Féraud-Giraud, *Code des transports*, III, n° 252, critiqué au contraire par M. Lamé-Fleury *(loc. cit.)*.

La cour considère qu'à raison de son âge c'était à la mère qui conduisait cet enfant à pourvoir aux charges et nécessités du voyage; que c'était elle qui avait fait entrer son enfant dans la voiture, que c'était ainsi elle qui, en réalité, avait commis une fraude et la contravention prévue par l'article 63, § 1, de la loi du 15 novembre 1846, fraude et contravention dont elle seule tirait profit et dont elle devait supporter les conséquences. Bien qu'elle ne le dise pas expressément, la cour a certainement vu, dans les faits qu'elle retient, des éléments suffisants pour déclarer la mère non pas complice, mais coauteur de la contravention, et c'est assurément aussi la pensée qu'il faut chercher sous les termes, d'une concision extrême, du jugement ci-dessus.

Or, la cour de cassation admet parfaitement qu'en pareille matière il puisse parfois se rencontrer bien moins des complices que des coauteurs, lorsqu'il y a simultanéité d'action et assistance réciproque dans les faits qui constituent la perpétration de l'infraction : 17 décembre 1859 (S., 60, 1, 298; P., 60, 914; D., 60, 1, 196).

Sur la question spéciale des coauteurs en matière de contravention à la police des chemins de fer, voyez : Cass., 9 août 1872 (S., 78, 2, 49 note; P., 78, 225 note; D., 72, 1, 329; B. A., 72, p. 251), et les observations de M. Féraud-Giraud, *op. cit.*. I, n° 104; Sourdat, *Traité de la responsabilité*, II, n° 789, 3e édit.; trib. corr. de Ruffec, 19 novembre 1884 *(La Loi* du 21 janvier 1885), et l'arrêt confirmatif de la c. de Bordeaux, 23 janvier 1885 *(La Loi* du 5 avril 1885).

(*La Loi*, 30 mai 1885.)

N° III.

COUR DE CASSATION (ch. crim.).

Présidence de M. Ronjat, prés.

Audience du 23 janvier 1885.

DOUANES. — CONTREBANDE. — COLIS POSTAUX. — RESPONSABILITÉ.

Si, de la combinaison des textes qui régissent les douanes, il résulte que tout transporteur d'objets de contrebande doit être réputé pénalement responsable de l'introduction de ces objets en France, cette responsabilité suppose nécessairement de sa part la liberté de vérifier le contenu de son chargement et de se refuser au transport d'objets prohibés à l'importation.

Mais cette responsabilité cesse à l'égard des compagnies chargées, aux lieu et place de l'administration des Postes, du transport des colis postaux en vertu de la loi du 3 mars 1881 et de la convention diplomatique, ces compagnies sont tenues de recevoir ces colis soigneusement clos et cachetés, et de les transporter à destination dans un bref délai déterminé par les règlements, qui les met dans une impossibilité légale de les ouvrir pour en vérifier le contenu, soit au moment où ils leur sont confiés, soit en cours de voyage.

En conséquence, lorsque les formalités relatives à l'expédition des colis postaux ont été régulièrement remplies, les compagnies ne sauraient encourir aucune responsabilité pénale à raison d'objets de contrebande qu'un expéditeur aurait dissimulés frauduleusement sous la couverture d'un colis postal que la vérification en douane ferait découvrir.

(Administration des Douanes C. *Croze et Compagnie Transatlantique.)*

L'Administration des douanes s'est pourvue en cassation d'un arrêt rendu, le 15 février 1884, par la cour de Montpellier, qui renvoyait des poursuites un sieur Croze, agent de la compagnie transatlantique à Port-Vendres, prévenu d'un délit de contrebande.

A l'appui de son pourvoi, l'administration des Douanes invoquait un moyen de cassation ainsi conçu :

Fausse interprétation des articles 5 du règlement de détail du 3 novembre 1880, annexe de la convention internationale de même date concernant le régime des colis postaux (art. 15 de la convention du 3 nov. 1880; loi approbative du 3 mars 1881), 10 de la convention du 2 novembre 1880 (loi approbative du 3 mars 1881), dans leur application au service des colis postaux entre la France et l'Algérie (décret du 24 juillet 1881), et par suite violation des articles 1er de la loi du 2 juin 1875 et 41, 42 et 43 de la loi du 28 avril 1816.

M. le conseiller Gast, chargé du rapport de cette affaire, a présenté à la chambre criminelle des observations qui tendaient au rejet du pourvoi.

Il s'est exprimé ainsi qu'il suit :

Le service des colis postaux a été introduit en France à la suite et en exécution d'une convention internationale conclue à Paris le 3 novembre 1880, entre la France et la plupart des gouvernements avec lesquels elle entretient des relations diplomatiques. Cette convention, à laquelle se rattachent deux appendices désignés, l'un sous le nom de protocole final, l'autre sous la dénomination de règlement de détail, a été ratifié par le président de la République, à ce autorisé par la loi du 3 mars 1881. D'après les termes mêmes de l'exposé des motifs à l'appui du projet de loi, cette convention avait pour but de faciliter autant que possible le transport des petits colis en appliquant à ces expéditions tous les avantages d'économie, de rapidité et de sécurité que donnent les services postaux; et il a été convenu, ajoute l'exposé, que les offices postaux des différents pays dont les mandataires étaient présents pourraient dorénavant se transmettre réciproquement, sans déclaration de valeur et dans des conditions uniformes, des colis d'un poids maximum de 3 kilogrammes.

Au même exposé, nous empruntons encore le passage suivant : « La mise à exécution de la convention n'était pas sans présenter en France quelques difficultés. Notre service postal n'était pas en mesure de se charger, comme certaines administrations postales étrangères, du service des petits colis... Heureusement, l'article 1er du protocole final, destiné à être signé à la même date que la convention, permettait de parer à la difficulté. En effet, aux termes de cet article, tout pays dans lequel la poste ne se charge pas actuellement du transport des petits colis a la faculté de faire exécuter les clauses de la convention par les entreprises de chemins de fer et de navigation. Usant du bénéfice de cet article, M. le ministre s'est adressé aux grandes compagnies de chemins de fer et aux quatre compagnies maritimes subventionnées, et elles ont consenti à se substituer aux obligations du gouvernement français. Elles se sont donc engagées à effectuer le transport des colis postaux d'un poids maximum de 3 kilogrammes, aux conditions fixées par la convention. »

En conséquence, en même temps qu'elle autorisait le président de la République à ratifier la convention diplomatique, la loi du 3 mars 1881 approuvait la convention conclue avec les chemins de fer et les compagnies maritimes. Elle donnait en outre au chef de l'État le droit de rendre des décrets déterminant les mesures à prendre pour l'exécution des conventions et fixer la date de cette exécution.

Un premier décret du 21 avril 1881 a fixé au 1er mai

de la même année l'inauguration du service des colis postaux entre la France, l'Allemagne, la Belgique, le Luxembourg et la Suisse. Ce décret contient en outre divers articles qui réglementent le service.

Le 24 juillet, un autre décret, exactement calqué sur le précédent, a ouvert le service entre les mêmes pays, y compris la France, continentale d'une part, et l'Algérie, la Corse, la Tunisie, de l'autre.

Les dispositions qui, dans les divers textes que nous venons de citer, nous paraissent se rapporter à la difficulté dont vous êtes saisis, sont les suivantes :

Convention internationale :

« Art. 2. — La liberté du transit est garantie sur le territoire de chacun des pays adhérents.

» Art. 7. — Il est loisible au pays de destination de percevoir du destinataire pour le factage et pour l'accomplissement des formalités en douane, un droit de 25 centimes par colis.

» Art. 9. — La réexpédition, par suite de changement de résidence donne lieu... à la charge des destinataires ou des expéditeurs, le cas échéant, au remboursement des droits de douane acquittés.

» Art. 10. — Il est interdit d'expédier par la voie de la poste des colis contenant soit des lettres ou des notes ayant le caractère de correspondance, soit des objets dont l'admission n'est pas autorisée par les lois ou règlements de douane ou autres.

» Art. 12. — La législation intérieure de chacun des pays contractants demeure applicable en tout ce qui n'est pas prévu par les stipulations contenues dans la présente convention. »

Règlement de détail :

« Art. 5. — Pour être admis au transport, tout colis doit :

» 1° Porter l'adresse exacte du destinataire ;

» 2° Être emballé d'une manière qui réponde à la durée du transport et qui préserve suffisamment le contenu ; l'emballage doit être tel qu'il soit impossible de porter atteinte au contenu sans laisser une trace apparente de violation ;

» 3° Être scellé par un cachet à la cire, par un plomb ou par un autre moyen, avec empreinte ou marque spéciale de l'expéditeur.

» Art. 6. — Chaque colis doit être accompagné d'un bulletin d'expédition et de déclaration en douane. »

Décrets du 21 avril et du 24 juillet :

« Art. 9. — Les colis postaux seront transportés par les trains-poste ou autres en usage pour le service des colis en grande vitesse.

» L'expédition, la transmission d'une compagnie à une autre, et la livraison des colis postaux s'opéreront sur le territoire français dans des délais fixés par les tarifs. »

Convention avec les compagnies :

« Art. 1er. — Les compagnies de chemins de fer et les compagnies de transports maritimes s'engagent à effectuer le transport des colis postaux dans les conditions fixées par la convention internationale. Ils seront effectués par les trains-poste ou autres en usage pour le service des colis de grande vitesse.

» Elles consentent à être substituées, pour tout ce qui concerne le transport, aux avantages et aux obligations résultant pour le gouvernement français de ladite convention, et ce, sous réserve des conditions et restrictions suivantes :

» Art. 6. — Tout colis destiné à être embarqué sur un paquebot français sera porté à bord de ce paquebot par les soins des compagnies de chemins de fer.

» Tout colis postal arrivant en France par mer sera débarqué en douane. Il en sera pris livraison par les compagnies de chemins de fer après l'accomplissement des formalités en douane par les compagnies maritimes. »

De l'ensemble de ces dispositions il nous semble résulter que, pour le transport des colis postaux, les compagnies de chemins de fer et de navigation se trouvent dans les conditions suivantes :

Substituées à l'administration des Postes, elles sont tenues d'accepter les colis postaux régulièrement emballés et scellés ; de les transporter dans les délais fixés par les tarifs comme objets de grande vitesse ; de remplir, en ce qui concerne ces colis, toutes les formalités en douane, c'est-à-dire d'y faire tant les déclarations de gros et de détail, de représenter les bulletins d'expédition pour chaque colis, d'acquitter les droits si le colis contient des objets tarifés, et, en cas de suspicion de fraude, d'assister à l'ouverture des colis exigée par la Douane, de les déballer et de les remballer.

Il semble que, moyennant l'accomplissement de

toutes ces formalités, les compagnies de chemins de fer et de navigation soient en droit de se considérer comme dégagées de toute responsabilité vis-à-vis de la Douane. Tel n'est pas l'avis de l'administration demanderesse. Elle n'admet absolument aucune distinction entre ces compagnies transportant des colis postaux et ces mêmes compagnies transportant des marchandises dans les conditions ordinaires ; et elle entend, en conséquence, les assujettir, même pour les colis postaux, à toutes les obligations que le régime douanier impose à tout transporteur. Or, qu'un conducteur de marchandises présente à un bureau de douane sous une fausse désignation des objets dont l'importation en France est prohibée, il devra être mis en état d'arrestation et deviendra passible non seulement d'une amende, mais d'une peine d'emprisonnement. L'administration n'a point hésité à penser que ces pénalités avaient été encourues par l'agent de la Compagnie transatlantique qui avait présenté en douane 60 colis postaux dont l'un renfermait des bottes dans l'intérieur desquelles se trouvait dissimulé du tabac. En conséquence elle a procédé à l'arrestation de cet agent, l'a traduit en police correctionnelle et a conclu à sa condamnation non seulement à 500 fr. d'amende, mais encore à trois jours d'emprisonnement, minimum de la peine édictée par les articles 41, 42 et 43 de la loi du 28 avril 1816 et 1er de la loi du 2 juin 1875.

La considération que la Compagnie transatlantique représente en cette circonstance l'administration des Postes, à laquelle elle se trouve substituée, n'arrête en aucune façon la demanderesse. Du moment, dit-elle, où l'administration des Postes se livre au transport des marchandises, elle rentre dans la catégorie des transporteurs ordinaires et elle doit se soumettre, elle ou ses représentants, aux obligations qu'imposent les lois de douane à tout transporteur, et, par suite, encourir les pénalités édictées contre ceux qui les violent.

L'administration des Douanes a-t-elle réfléchi que le même raisonnement s'appliquerait à des agents des Postes des gouvernements étrangers venant livrer des colis postaux à une gare de la frontière, ainsi que cela se pratique entre l'Allemagne et la France. Peut-être hésiterait-elle à pousser jusqu'au bout la logique de son système, et reculerait-elle devant l'arrestation d'un préposé des postes commissionné par un gouvernement étranger.

Sans insister davantage sur la gravité des conflits que pourrait susciter cette prétention de l'administration des Douanes, examinons si le principe qu'elle invoque pour le faire triompher a effectivement le caractère si absolu qu'elle lui assigne. Ce principe, c'est que tout transporteur d'objets de contrebande est pénalement responsable de l'infraction constatée à sa charge. Elle n'admet d'autres tempéraments à la rigueur de cette règle que celui qui résulte de l'article 29 du titre II de la loi du 22 août 1791, aux termes duquel la condamnation à l'amende des conducteurs de voitures publiques n'aura pas lieu lorsque les objets seront portés sur la feuille qui doit être représentée à la déclaration.

Bien qu'un bulletin d'expédition soit joint à chaque colis postal et représenté à l'administration des Douanes, ce n'est point derrière l'immunité créée par cet article que se retranchait la compagnie de navigation. Il eût été fort dangereux pour elle, en effet, en présence des conditions auxquelles votre jurisprudence subordonne le bénéfice de cette immunité, de le revendiquer en cette circonstance; car, d'après vos arrêts, le conducteur ne peut être libéré qu'en mettant l'administration des Douanes en mesure d'exercer des poursuites efficaces contre l'expéditeur, dont le transporteur doit, en quelque sorte, garantir la solvabilité. Il y a plus, l'administration soutient que même ainsi limité, le tempérament concédé par l'article 29 ne constitue pas un droit pour le voiturier et n'est point obligatoire pour elle. C'est ainsi qu'après avoir repoussé l'application aux douanes de l'article 13 de la loi du 21 juin 1873 qui, en matière de contributions indirectes, affranchit de toute responsabilité les conducteurs qui ont mis la Régie en mesure de poursuivre les véritables auteurs de la fraude, l'administration des Douanes s'est crue autorisée à insérer dans ses conclusions le motif suivant : « que, du reste, au cas présent, il ne convient pas à l'administration des Douanes de poursuivre le véritable auteur de la fraude. »

On comprend à merveille que la compagnie de navigation n'ait pas voulu placer sa défense sur un pareil terrain, et que, se croyant fondée à invoquer, au regard de la Douane, en ce qui concerne le transport des colis postaux, une irresponsabilité absolue au sujet du contenu de ces colis, elle ait tenu à la faire judiciairement reconnaître et consacrer. Suivant la thèse qu'elle soutient et qui a été admise par l'arrêt attaqué, cette irresponsabilité découlerait invinciblement des dispositions qui régissent le service des colis postaux, le fonctionnement de ce service impliquant une dérogation nécessaire au principe que l'administration des Douanes voudrait appliquer aux transporteurs de ces colis. Si les transporteurs, dans les conditions ordinaires sont responsables de la régularité de leur chargement, c'est qu'ils étaient parfaitement libres d'en vérifier la nature et de se refuser au transport de toute marchandise prohibée à l'importation. La même liberté n'existe pas pour les compagnies qui transportent les colis postaux. Elles les reçoivent soigneusement emballés, fermés par un cachet à la cire avec empreinte spéciale de l'expéditeur. Ces colis, qui peuvent leur être livrés en grand nombre au moment même du départ du train ou du paquebot, elles sont tenues de les transporter à destination dans les délais réglementaires. Aucune disposition ne prévoit que le scellé puisse être brisé et le colis ouvert ailleurs qu'en douane, où il est procédé à la vérification habituelle des objets présentés à l'importation. Comment, en dehors de cette vérification, qui se fait sous la garantie et par les soins d'agents assermentés, les entreprises de transport pourraient-elles procéder à une vérification préalable ? Rompraient-elles une première fois le scellé en l'absence de l'expéditeur, le consigneraient-elles pour être présent à cette opération, avec invitation de se munir de son cachet pour apposer après vérification une nouvelle empreinte qui pourra être brisée une seconde fois lors de l'arrivée en douane? Que deviendraient, avec toutes ces entraves, les conditions de rapidité, d'économie et de sécurité pour ces transports dont le législateur a entendu faire bénéficier le commerce et l'industrie par la création du service des colis postaux? Le fonctionnement de ce service n'est-il pas manifestement inconciliable avec la faculté qu'on reconnaissait aux compagnies de transports d'ouvrir les colis qui leur sont confiés, ailleurs qu'en douane, et en dehors de toute réquisition des préposés de l'administration. Or, si, d'une part, elles sont tenues de transporter ces colis dans un bref délai, et si, d'autre part, il leur est défendu de les ouvrir, comment pourraient-elles être pénalement responsables de leur contenu? En obéissant à des prescriptions légales, la compagnie ne s'est-elle pas trouvée contrainte par une force à laquelle elle n'a pu résister et n'est-elle pas en droit de dire pour sa défense qu'elle n'a fait que céder à une force majeure qui fait disparaître toute imputabilité pénale?

Il ne pouvait échapper à l'administration des Douanes que si elle admettait l'impossibilité légale invoquée par la compagnie maritime, elle reconnaissait par cela même son irresponsabilité. Aussi tous les efforts de la demanderesse tendent-ils à démontrer que cette impossibilité n'existe pas, et que la compagnie de transports avait le droit d'ouvrir les colis et d'en vérifier le contenu.

Ce droit, elle entend le faire dériver tout d'abord de

trois dispositions légales qu'elle cite au début de la discussion.

Le premier de ces textes est l'article 2 du décret du 24 juillet 1881, portant exécution, suivant le pourvoi, de la loi du 3 mars 1881 sur le transport des colis postaux entre la France et l'Algérie. Cet article est ainsi conçu :

« Il pourra être expédié des colis sans déclaration de valeur; ces colis ne devront contenir ni matières explosibles, ni articles prohibés par les règlements de douane ou autres, ni lettres. »

De cette interdiction d'introduire dans les colis postaux des objets prohibés, l'administration déduit pour le transporteur l'autorisation de vérifier le contenu des colis.

Faisons d'abord remarquer que le décret du 24 juillet n'est point spécial aux relations entre la France et l'Algérie; qu'il règle en même temps et de la même manière les rapports de l'Algérie avec l'Allemagne, la Belgique, le Luxembourg et la Suisse; que l'article 2 de ce décret n'est que la reproduction littérale de l'article 2 du décret du 21 août 1881, réglant les rapports de la France continentale avec les mêmes pays; et qu'enfin les prescriptions de ces articles ne sont elles-mêmes qu'une réédition des dispositions suivantes :

1° De l'article 10 de la convention internationale, lequel est ainsi conçu : « Il est interdit d'expédier par la voie de la poste des colis contenant soit... soit des objets dont l'admission n'est point autorisée par les lois ou règlements de douane ou autres ! »

2° De l'article 4 du règlement de détail portant :

« Sont exclus du transport les colis contenant des matières explosibles ou inflammables. »

N'est-il pas manifeste que ces prohibitions ne s'adressent qu'aux expéditeurs et ne sauraient avoir pour effet de constituer en état de contravention les transporteurs eux-mêmes qui ne sont autres que les gouvernements contractants représentés par leurs offices postaux? Comment pourrait-on incriminer leurs agents, pour n'avoir point ouvert des colis qui doivent leur être remis scellés et dont l'ouverture n'est prévue d'une manière implicite que lors de l'arrivée en douane. Les dispositions précitées portent d'ailleurs en termes exprès qu'il est interdit, non de transporter mais d'expédier des colis renfermant des objets prohibés.

La seconde disposition invoquée par l'administration des Douanes est celle de l'article 6 de la convention conclue entre l'État et les compagnies de transports; cet article est ainsi conçu :

« § Ier. — Tout colis destiné à être embarqué sur un paquebot-poste français sera porté à bord par les soins des compagnies de chemins de fer;

» § II. — Tout colis postal arrivant en France par mer, sera débarqué en douane, où il en sera pris livraison par les compagnies de chemins de fer après l'accomplissement, s'il y a lieu, des formalités en douane par les compagnies de transport. »

Du dernier paragraphe de cet article, qui astreint les compagnies maritimes à l'accomplissement des formalités en douane, l'administration entend déduire leur assujettissement, en ce qui concerne les colis postaux, à toutes les obligations d'un transport ordinaire.

Peut-être penserez-vous qu'en raisonnant ainsi l'administration des Douanes méconnaît le but et le sens de la disposition dont elle se prévaut.

L'obligation de remplir les formalités en douane est implicitement imposée à tous les transporteurs par la convention diplomatique même : il n'en pouvait être autrement, à moins de supprimer les douanes pour les marchandises renfermées dans des colis postaux. La convention avec les compagnies de transports n'avait donc plus à leur imposer l'obligation de remplir les formalités en douane, obligation qu'entraînait de plein droit leur substitution à l'administration des Postes. Mais quand un transport s'effectue successivement par mer et en chemin de fer, il importait de préciser laquelle des deux compagnies de transport serait tenue de remplir les formalités dont il s'agit; c'est ce point qui a été réglé par le § 2 de l'article 6.

Si cet article avait la signification que lui donne l'administration des Douanes, comment se fait-il qu'il n'exige l'accomplissement des formalités en douane que des compagnies maritimes, et qu'il ne l'impose point également aux chemins de fer? Aucune autre disposition de la convention ne s'appliquant aux compagnies de chemins de fer, il en résulterait que l'administration des Douanes n'aurait, vis-à-vis de ces dernières, aucun titre pour les contraindre à l'accomplissement des formalités.

Le dernier texte sur lequel se fonde la thèse de

l'administration demanderesse est l'article 12 de la convention internationale, portant que la législation intérieure de chaque pays demeure applicable en tout ce qui n'est pas prévu par les stipulations contenues dans la présente convention.

Aucune stipulation n'abrogeant d'une manière expresse une disposition du régime douanier, l'administration en conclut que ce régime est demeuré applicable aux colis postaux dans toute son intégrité. Mais n'est-il pas manifeste qu'il était matériellement impossible que la convention visât formellement, pour les abroger en termes exprès, telles ou telles dispositions des législations douanières en vigueur dans les différents pays, qui seraient en opposition avec les mesures arrêtées entre les États contractants. En disant que ces législations resteraient applicables en tout ce qui n'est pas prévu par les clauses de la convention, n'a-t-on pas suffisamment stipulé l'abrogation tacite de toute prescription incompatible avec les facilités de circulation qu'on avait l'intention d'assurer aux colis postaux? Aucun article de la convention n'abroge expressément les dispositions concernant les formalités à remplir en France en cas de transit. Voudrait-on soutenir que ces formalités doivent être remplies, même lorsqu'il s'agit du transit des colis postaux, nonobstant la disposition de l'article 4 de la convention portant que la liberté du transit est garantie sur le territoire de chacun des pays adhérents?

Si la liberté du transit doit avoir pour conséquence de faire considérer comme tacitement abrogées les formalités qui la gênent, pourquoi la nécessité de respecter l'emballage et le cachet des colis postaux ne pourrait-elle avoir pour corollaire l'irresponsabilité du transporteur en ce qui concerne le contenu des colis?

L'administration des douanes déclare néanmoins qu'elle ne saurait admettre qu'une loi spéciale sur les postes pût avoir pour effet d'abroger implicitement une disposition quelconque de la législation spéciale sur les douanes. Suivant la demanderesse, pour qu'une abrogation fût admissible en pareil cas, il faudrait qu'elle fût expressément prononcée. Mais sur quel fondement repose la distinction qu'elle entend établir ici entre l'abrogation expresse et l'abrogation tacite, et pourquoi, lorsqu'une disposition d'une loi postale se trouve en opposition avec une disposition d'une loi douanière antérieurement promulguée, n'appliquerait-on pas le principe que la loi postérieure déroge à la loi antérieure?... Les lois postales et les lois douanières n'émanent-elles pas du même législateur, et n'est-ce pas sa volonté le plus récemment manifestée, soit en termes exprès, soit implicitement, qui doit être suivie? N'en dût-il pas être ainsi, surtout quand la loi, en dernier lieu promulguée, n'est que la sanction d'une convention diplomatique à l'exécution de laquelle la France ne saurait se soustraire sans manquer à ses engagements.

Ce sont, sans doute, ces considérations, dont la gravité ne pouvait être méconnue par l'administration des douanes, qui l'ont déterminée à revenir au point de départ de la discussion. Elle ne saurait admettre que l'introduction de ce service de colis postaux ait eu pour résultat de créer toute une catégorie de transporteurs irresponsables. Elle ne voit aucune nécessité de soustraire les transporteurs de ces colis aux obligations des transporteurs ordinaires, et, pour elle, ces obligations ne sont nullement inconciliables avec les conditions dans lesquelles doit fonctionner le service des colis postaux. En résumé, elle dit aux compagnies de transports : « Vous pouvez ouvrir les colis, donc vous êtes responsables de leur contenu. » De leur côté, les compagnies répondent : « Les conditions dans lesquelles nous devons effectuer le transport ne nous permettent pas d'ouvrir les colis; donc, nous ne saurions encourir aucune responsabilité pénale à raison des objets qu'ils renferment. » De ces deux propositions, dans lesquelles se concentre tout ce débat, quelle est celle qui doit être tenue pour vraie? C'est ce que dira votre arrêt.

A la fin de son mémoire, l'administration des Douanes appelle votre attention sur les désastreuses conséquences qu'entraînerait, suivant elle, le rejet de son pourvoi. Elle affirme qu'une pareille solution équivaudrait à une suppression absolue de la police des douanes en ce qui concerne les colis postaux. Ces appréhensions ne nous paraissent fondées que dans une certaine mesure. Assurément, si le transporteur échappe à toute responsabilité, il pourrra arriver que la douane ne soit en situation de requérir aucune condamnation efficace à raison du délit de contrebande. Néanmoins, même en ce cas, elle ne sera pas complètement désarmée, puisqu'elle peut toujours obtenir la confiscation du corps du délit. Mais si l'expéditeur est domicilié en France, ou si, à défaut d'un expéditeur pouvant être utilement poursuivi, la participation au délit du destinataire demeurant en France peut être établie, n'est-il pas loisible à la douane de les traduire en police correctionnelle et de conclure à leur condamnation, soit comme coauteurs, soit comme complices. Au cas particulier, l'expéditeur était domicilié en Algérie et le destinataire en France. Elle avait, conséquemment, toute facilité pour les poursuivre. Ce recours contre l'expéditeur, et, au besoin, contre le destinataire, qu'elle déclare être illusoire quand c'est elle qui aurait à l'exercer directement, l'administration des Douanes l'offre néanmoins aux compagnies de transports comme un dédommagement de nature à leur donner une suffisante satisfaction. Elle les invite, en conséquence, à ne point se retrancher derrière une douteuse irresponsabilité et à se contenter d'une action récursoire qui ne saurait leur être contestée. On ne saurait être surpris du refus des compagnies de transports d'entrer dans cette voie. Non seulement elles prendraient ainsi à leur charge toutes les chances d'insolvabilité de leur garant, mais elles exposeraient encore leurs agents à subir des mesures dont aucune action récursoire ne pourrait directement les affranchir, savoir l'arrestation et la condamnation à l'emprisonnement pour importation d'objets prohibés.

Dans ces circonstances, la cour verra ce qu'il échet de statuer sur le pourvoi.

La chambre criminelle, après avoir entendu la lecture de ce rapport de M. le conseiller GAST, les observations de Me HOUSSET, avocat de l'administration des Douanes, et les conclusions conformes de M. l'avocat général ROUSSELLIER, a rendu l'arrêt suivant :

La cour,

Sur le moyen tiré de la fausse interprétation des articles 5 du règlement de détail, annexe de la convention internationale du 3 novembre 1880, 10 de ladite convention et 6 de la convention du 2 novembre 1880 contre l'État et les compagnies de transports, et de la violation des articles 1er de la loi du 2 juin 1875, 41, 42 et 43 de la loi du 28 avril 1816;

Attendu que si de la combinaison des articles 1er du titre V de la loi du 22 août 1791, 29 de ce titre, 2 de la même loi, 41, 42, 43 de la loi du 28 avril 1816 et 1er de la loi du 2 juin 1875, il résulte que tout transporteur d'objets de contrebande doit être réputé pénalement responsable de l'introduction de ces objets en France, cette responsabilité suppose nécessairement de sa part la liberté de vérifier le contenu de son chargement et de se refuser au transport d'objets prohibés à l'importation;

Attendu, en effet, qu'aux termes de l'article 64 du code pénal, applicable en toute matière pénale, il n'y a ni crime ni délit quand le prévenu a agi sous l'empire d'une contrainte à laquelle il n'a pu résister;

Attendu que de l'économie de la loi du 3 mars 1881, de la convention diplomatique dont elle autorise la ratification, des annexes de ladite convention, de la convention entre l'État et les compagnies de transports, approuvée par la même loi, et des décrets rendus en exécution de cette loi par le président de la République, il résulte que les compagnies de transports, chargées au lieu et place de l'administration des Postes, du transport des colis postaux, sont tenues de les recevoir soigneusement emballés, clos et cachetés, et de les transporter à destination dans un bref délai, déterminé par les règlements;

Attendu que les conditions de régularité, de rapidité et de sûreté, que les différents textes ci-dessus visés ont eu pour but d'assurer à la circulation des colis postaux, mettent les compagnies de transport dans l'impossibilité légale de les ouvrir pour en vérifier le contenu, soit au moment où ils lui sont confiés, soit en cours de voyage; que, conséquemment, lorsque les formalités relatives à l'expédition de ces colis ont été régulièrement remplies, les compagnies ne sauraient encourir aucune responsabilité pénale à raison d'objets de contrebande qu'un expéditeur aurait frauduleusement dissimulés sous la couverture d'un colis postal, et que la vérification en douane y ferait découvrir;

Attendu dès lors que l'arrêt attaqué qui, pour relaxer le sieur Croze, agent de la Compagnie transatlantique, prévenu d'avoir importé un colis postal dans lequel se trouvait dissimulé du tabac, s'est fondé sur l'impossibilité de la part de cet agent de vérifier le contenu de ce colis, loin de violer les textes ci-dessus visés, en a fait une saine interprétation;

Par ces motifs,

Rejette le pourvoi de l'administration des Douanes contre l'arrêt, rendu le 15 février 1884, par la cour d'appel de Montpellier;

La condamne aux dépens et à l'indemnité envers le prévenu, etc.

(*La Loi*, 18 février 1885.)

TABLE

Pages.

PIÈCES JUSTIFICATIVES.

FONTAINEBLEAU. — E. Bourges, imp. breveté.

A LA MÊME LIBRAIRIE

DU MÊME AUTEUR :

ÉTUDES SUR LE CODE PÉNAL, in-18 jésus 3 50

L'ÉDUCATION CORRECTIONNELLE EN ANGLETERRE, AUX ÉTATS-UNIS ET EN FRANCE, in-18 jésus . . . . 2 »

LA LOI DU PARDON, in-18 jésus . . . . 3 »

LA FEMME EN PRISON, in-18 jésus . . . . 3 »

LA CHRONIQUE DE MELUN ET DE SON DISTRICT EN 1792 ET 1793, in-18 jésus . . . . 2 »

QUELQUES QUESTIONS DE CHASSE (1re série), in-18 jésus . . . . 2 »

ID. Id. (2e série), in-18 jésus . . . . 2 »

LE SELLYER (A.-F.), avocat, ancien professeur à la Faculté de droit de Paris. — Études historiques, théoriques et pratiques sur le droit criminel :

Première partie. — Traité de la criminalité, de la pénalité et de la responsabilité soit pénale, soit civile, en matière de contraventions, de délits et de crimes, 2e édition, augmentée d'un supplément à la fin de chaque volume. 1874, 2 vol. in-8o . . . . 15 »

Deuxième partie. — Traité de l'exercice et de l'extinction des actions publique et privée qui naissent des contraventions, des délits et des crimes, 2e édition augmentée d'un supplément à la fin de chaque volume. 1874, 2 vol. in-8o. . . . . 15 »

Troisième partie. — Traité de la compétence et de l'organisation des tribunaux chargés de la répression soit pénale, soit civile, des contraventions, des délits et des crimes. 1875, 2 vol. in-8o. 18 »

Fontainebleau. — M. E. Bourges imp. breveté.

www.ingramcontent.com/pod-product-compliance
Ingram Content Group UK Ltd.
Pitfield, Milton Keynes, MK11 3LW, UK
UKHW020226220726
13923UKWH00002B/538